Esperanza en medio del Dolor

KRISTEN WETHERELL
& SARAH WALTON

Esperanza en medio del Dolor

REFLEXIONES BÍBLICAS PARA AYUDARTE A ENTENDER
LOS PROPÓSITOS DE DIOS EN TU SUFRIMIENTO

POIEMA
LECTURA REDIMIDA

Mientras lees, comparte con otros en redes usando

#EsperanzaEnElDolor

Esperanza en medio del dolor

Reflexiones bíblicas para ayudarte a entender los propósitos de Dios en tu sufrimiento

Kristen Wetherrel & Sarah Walton

Traducido del libro *Hope When It Hurts: Biblical Reflections to help you grasp God's Purpose in your Suffering* © 2017 por Kristen Wetherrel & Sarah Walton. Publicado por The Good Book Company. Traducción por Nicolás Osorio.

Poiema Publicaciones
info@poiema.co
www.poiema.co

Impreso en Colombia
ISBN: 978-1-944586-86-7
SDG

Contenido

Prólogo

El sufrimiento en sí mismo ya es lo suficientemente difícil —sin importar si es por causa de una condición o lesión física, de una pérdida repentina o de alguna situación persistente— pero lo que aumenta nuestra agonía es nuestro deseo e intento de descubrir el propósito del mismo. Cuando nos parece que nuestro sufrimiento es aleatorio o que no tiene sentido, y no se nos ocurre algún posible beneficio, los "si tan solo" son interminables. No soportamos la idea de que nuestro sufrimiento sea en vano.

Podemos seguir dándole vueltas a nuestros pensamientos fatalistas y a las preguntas sin contestar, o podemos permitir que las Escrituras comiencen a moldear nuestras perspectivas. Podemos permitir que la verdad de las Escrituras corrija nuestra interpretación distorsionada de la promesa de que "Dios dispone todas las cosas para el bien de quienes lo aman". Podemos permitir que la esperanza de las Escrituras disipe nuestra desesperación.

Eso es lo que Kristen y Sarah nos han provisto en este libro: un banquete de perspectiva, verdad y esperanza para alimentar nuestras almas cuando estén consumidas por la frustración, el temor, la decepción y las dificultades. Ellas han abierto y examinado las Escrituras en busca de sabiduría y reflexión para ellas mismas y para todo el que lea este libro.

Cuando estamos sufriendo, muchas veces sentimos que nada puede aliviar el dolor. Y aunque Kristen y Sarah no nos ofrecen soluciones rápidas ni fáciles (en otras palabras, promesas falsas), con su estudio de 2 Corintios 4 y 5 ellas nos ofrecen algo real y fundamental:

- el ánimo para creer que es posible sufrir y no desfallecer
- la "iluminación del conocimiento de la gloria de Dios en el rostro de Cristo"
- el privilegio de ejercitar "la extraordinaria grandeza del poder" que es "de Dios y no de nosotros"
- la realidad de estar "afligidos", "perplejos", "perseguidos" y "derribados" con la profunda confianza de que no estamos "agobiados", "desesperados", "abandonados" ni "destruidos"
- la importancia de que "la vida de Jesús se manifieste en nuestro cuerpo"
- la experiencia de ser renovados de día en día
- la expectativa de "un eterno peso de gloria que sobrepasa toda comparación"

Aunque la vida diaria sea muy dura aquí, en 2 Corintios 4 y 5 vemos que nuestro futuro es glorioso —"una casa no hecha por manos, eterna en los cielos". Y tenemos claridad en cuanto a lo que debemos hacer aun cuando pasemos por sufrimientos indeseables y muchas veces insoportables:

- siempre tener buen ánimo
- caminar por fe y no por vista
- enfocarnos en agradarle a Él
- persuadir a otros
- ser embajadores de Cristo

Creo que lo mejor de este pasaje es que descubrimos las mejores noticias que puede escuchar todo el que ha sentido el impacto de la maldición de la creación en su cuerpo, sus relaciones o sus circunstancias: la buena noticia de la nueva creación. Un día este mundo será librado de la maldición del pecado, y todo lo que esté roto, desfigurado y enfermo será restaurado. Dios ya comenzó Su obra restauradora y reconciliadora en nuestros corazones. Ahora Cristo es nuestra vida, salud, sabiduría y esperanza. Él está renovando todas las cosas en este mismo momento.

Por más profundo y verdadero que sea el contenido de este libro, todo el que ha sufrido sabe que es difícil recibir instrucción y ánimo de aquellos que pensamos no han sufrido. Queremos oír de aquellos que han caminado, y tal vez continúan caminando, en valles de sombra y aun así perciben la luz de Cristo, el consuelo del Espíritu y el cuidado del Padre. Eso hace que Kristen y Sarah sean buenas guías para aquellos que sufren. Espero que su compañía y meditaciones sean de ánimo en tu propia travesía por los sufrimientos en este mundo.

— Nancy Guthrie,
autora de *Aferrándose a la esperanza*

Kristen es administradora de contenido ministerial en Abriendo la Biblia y bloguea en kristenwetherell.com. Está casada con Brad.

@KLWetherell

kristen_wetherell

Sarah está casada con Jeff y es madre de cuatro hijos. Vive en Chicago y bloguea en setapart.net.

@Swalts4

sarahwalton543

Introducción

La vida duele, y no somos ajenas a esta realidad. Por eso escribimos este libro. Y no simplemente porque la vida duela, sino porque hay esperanza aun en medio del dolor.

Sospechamos que estás leyendo este libro porque estás sufriendo, o porque amas a alguien que sufre y quieres saber cómo aliviar su dolor. Tal vez el hecho mismo de leer estas páginas es un trabajo arduo para ti porque te sientes agotada por el más mínimo esfuerzo. No importa quién seas, ni si estás sufriendo en este momento o no, te damos la bienvenida y estamos contentas de que estés aquí.

Y si estás sufriendo en este momento, lo lamentamos. Pero no vamos a decir que "te entendemos" porque lo más probable es que no sea así. No sabemos tu situación particular, ni los años de prueba y oscuridad que has resistido. Tal vez nuestras historias tengan algo en común, y si nos tomáramos un café juntas, es posible que nos atrevamos a decir: "Me pasa lo mismo". Aunque tu sufrimiento parezca diferente al nuestro, y sea más grande y más duro de lo que podamos imaginar, estamos caminando a través del dolor a tu lado. Puede que los casos sean diferentes, pero aun así es dolor y sufrimiento.

Cuando estamos sufriendo, nuestro dolor afecta todas nuestras perspectivas, incluyendo nuestra perspectiva acerca de Dios. Puede que tu dolor te haya hecho dudar de Dios por primera vez, o que te haya hecho pensar en Él por primera vez. Puede que haya incrementado tu amor por Él, o que te haya llenado de ira y amargura hacia Él. Puede que te haya llevado a orar por primera vez, o a volver a hacerlo después de mucho tiempo, o a dejar de orar por completo. Lo más probable es que tu dolor haya provocado sentimientos contradictorios y preguntas acerca de Dios. En todo nuestro dolor, hemos encontrado esperanza al acudir a Él, no al alejarnos de Él, y al luchar con la realidad en lugar de tratar de ignorarla. Este libro es en muchas maneras un resultado de nuestras travesías y luchas.

En las páginas siguientes encontrarás treinta reflexiones bíblicas que te ayudarán a entender los propósitos de Dios en tu sufrimiento. Cada capítulo es relativamente corto y sencillo, y (esperamos) te llevará a meditar en las verdades de la Biblia con esperanza. Este libro no contiene un estudio teológico completo sobre el sufrimiento; tampoco vas a encontrar todas las respuestas a tus preguntas. Verás que hay muchas cosas repetidas en los diferentes capítulos, porque Dios repite grandes verdades en Su Palabra, ¡y necesitamos recordarlas más de lo que pensamos! Aunque profundizamos en la Palabra de Dios, esto no es un estudio bíblico exhaustivo. Esperamos que no solo te informe intelectualmente, sino que te ayude emocionalmente.

Y no fue escrito desde el otro lado del sufrimiento, sino desde las trincheras y en medio del dolor. Hay momentos en los que nos maravillamos de que hayamos podido terminar este libro, pues nuestros propios sufrimientos fueron parte de todo el proceso.

La historia de Kristen

En mi tercer año de universidad, la vida sana y sin dolor que había conocido hasta ese momento comenzó a desintegrarse. En un período de seis años, pasé de correr carreras, actuar en teatro y estar llena de energía a vivir con debilidad perpetua, movimientos limitados y fatiga crónica —a las 8:30p.m. ya estaba lista para dormir. Me había mudado a Nueva York para lograr mi sueño de ser una actriz profesional, pero en poco tiempo tuve que regresar a casa, exhausta y adolorida. Sabía que algo no andaba bien, pero ningún doctor podía darme una respuesta. Cada nueva consulta me dejaba con el signo de interrogación de la derrota, mientras repetían la típica respuesta fácil: "Estás bien. Eres joven. Vuelve a casa".

Sin embargo, los problemas se agravaron con el paso de los años. Si me pasaba el día tecleando en el trabajo, mis brazos y manos se paralizaban del dolor, al punto que no podía hacer tareas simples como abrir una jarra, lavar ropa, incluso sostener un lápiz. El mismo dolor intenso me empezó en las rodillas y pies, y mi habilidad de hacer ejercicio

—aun de hacer caminatas cortas— se desvaneció por completo. La fatiga me arropaba y aplastaba como si fuera una ola enorme. Sentía que me arrastraba en medio de una densa niebla que me impedía mantener el enfoque y cualquier sensación de normalidad.

Después de seis largos años, mi esposo Brad y yo fuimos a ver a un doctor experto en la enfermedad de Lyme, porque mis síntomas parecían alinearse con lo que sabíamos de la misma. El día que la enfermera nos llamó para confirmarlo fue amargo y dulce a la vez. Fue bueno tener una respuesta, pero fue aterrador darnos cuenta del camino que estaba por delante. Pero por la gracia de Dios, y después de años de tratamiento, creemos que la enfermedad de Lyme se ha ido (¡algunas noches me acuesto más tarde que Brad!). Aun así, como a veces le decimos a las personas: "La guerra está ganada, pero la ciudad quedó asolada". Mi cuerpo ha quedado debilitado y me quedan años de rehabilitación; algunos días son largos, difíciles e incómodos. Mi lucha con el dolor es diferente ahora, pero sigue siendo una lucha diaria con el desánimo por el poco sueño, la fragilidad de un cuerpo quebrantado y el reto de perseverar con esperanza.

La historia de Sarah

Sin entrar en mucho detalle, durante mis cuatro años de secundaria experimenté bullying junto con un tipo de abuso de parte de mis compañeros. Al mismo tiempo, circunstancias que estaban fuera de mi control trajeron cambios devastadores a mi vida, de los cuales el más difícil fue el final de mis sueños de atletismo. Todo eso me hizo caer en una espiral descendente, y condujo a un desorden alimenticio, a la destrucción de la relación con mis padres y a una profunda depresión. Fue mientras estuve hospitalizada por la depresión que decidí que debía dejar de tratar de vivir para Cristo y para el mundo a la vez, y que debía comprometerme a seguir a Cristo solamente.

Por un tiempo mi vida parecía haberse normalizado. Conocí a mi esposo a los veinte años de edad, y para mi gran sorpresa ya era mamá a los veintitrés. Eso fue hace más o menos una década. Los últimos diez años han sido grandemente marcados por la pérdida. Desde una edad temprana, nuestro hijo mayor comenzó a demostrar un comportamiento que era desafiante y destructivo, y ha causado una década de confusión y caos en nuestro hogar. Incontables exámenes y evaluaciones parecían dejar a los médicos perplejos, y al final lo único que obtuvimos fue una gran carga financiera y muchos temores. Todo se vio afectado por su enfermedad.

Al mismo tiempo, mi propia salud física empeoró. Mi enfermedad y dolores crónicos aumentaban con cada parto, dejándome cada vez menos capaz de funcionar —además de una lesión en el tobillo que me impidió seguir haciendo muchas cosas que amaba. Y mientras el trastorno de mi hijo continuaba intensificándose, la confusión y el dolor comenzaron a apoderarse de nuestros otros hijos, y nuestro matrimonio comenzó a sufrir bajo el peso de todo eso. Cuando estábamos en nuestro punto más bajo, convencidos de que ya no podríamos aguantar nada más, mi esposo perdió la mitad de su salario y nos vimos forzados a vender la casa de nuestros sueños y mudarnos a una casa de alquiler más pequeña, mientras los gastos médicos continuaban apilándose. Nuestra familia estaba en crisis. Estábamos destruidos y preguntándonos dónde estaba Dios y qué era lo que estaba haciendo. Me encontré a mí misma batallando contra la desesperación, la desesperanza y profundas preguntas sobre la fe que nunca antes había enfrentado.

En el 2015 nos refirieron a un grupo de médicos que me diagnosticaron con la enfermedad de Lyme. No pasó mucho tiempo antes de que los exámenes revelaran que había contagiado a nuestros cuatro hijos y a mi esposo. Aunque ya tenemos claridad sobre uno de los enemigos que estamos enfrentando en casa, ahora tenemos nuevas batallas ante nosotros: contra tratamientos costosos y consumidores de tiempo, contra dudas y confusión constantes, y todo esto sin la garantía de una sanidad completa. Y luego está la soledad, porque la enfermedad de Lyme revela con mayor intensidad la agresividad de mi hijo, algo que dificulta hacer actividades familiares normales y además nos deja cansados y quebrantados por sus muchos efectos.

Nuestros días siguen estando llenos de incertidumbre mientras afrontamos los altibajos de la condición de mi hijo, de la enfermedad de Lyme en mis cuatro hijos y de mi propio dolor y fatiga. En cada momento debo tomar la decisión de resistir en las trincheras y no dar paso a la carga aplastante de las circunstancias que me rodean.

Esperanza en medio de tu sufrimiento

El sufrimiento es algo terrible. Cuando llega el dolor, reaccionamos de muchas maneras: tratamos de evadirlo, nos llenamos de ira, nos desesperamos, tratamos de adormecer nuestros sentidos, incluso hasta nos proponemos vencer el dolor. Pero no se supone que simplemente soportemos el sufrimiento a regañadientes ni que nos resignemos. La aflicción nos invita a luchar y a participar de lo que Dios puede estar haciendo, a buscarlo justo en medio del dolor. La lucha no es fácil —pero Dios puede usarla para darnos esperanza.

Así que escribimos este libro para ti, para dirigirte hacia la esperanza, porque nuestro sufrimiento es mucho más profundo de lo que nos parece a simple vista. Este libro es acerca de Dios, quien nos ofrece esperanza, y hasta gozo, en medio del sufrimiento. Es una travesía por 2 Corintios 4 y 5, donde vemos que Dios quiere darnos esperanza mientras experimentamos el dolor; además quiere que veamos que Él es capaz de obrar en el sufrimiento y a través de él para darnos más de Sí mismo.

Si eres cristiana, estas verdades hablan acerca de ti y son para ti. Si no lo eres, entonces podrían ser para ti también. Al leer este libro, por favor recuerda que solo tendrás esperanza y gozo en medio del sufrimiento si le has entregado tu vida a Jesús, si le reconoces como Rey y confías en Él como tu Salvador.

Puedes leer todo el libro o seguir el orden que prefieras (aunque ocasionalmente algunos capítulos se refieren a otros, los escribimos de modo que funcionen en cualquier orden). Puedes leer un capítulo diario o uno por semana. Puedes leerlo con una amiga, con un grupo o sola. No dejes de responder las preguntas de reflexión al final de cada capítulo y saca tiempo para orar; escribe tus pensamientos, meditaciones, preguntas y oraciones en las páginas para los apuntes.

Alabamos a Dios por la bondad de habernos permitido escribir este libro, y le exaltamos porque tú lo estás leyendo. Nuestra oración es que puedas acercarte al Salvador sufriente, Jesús, quien es también el Señor resucitado y vencedor de la muerte, capaz de dar la esperanza más profunda y permanente que existe.

Bendito sea el Dios y Padre de nuestro Señor Jesucristo, Padre de misericordias y Dios de toda consolación, el cual nos consuela en todas nuestras tribulaciones, para que también nosotros podamos consolar a los que están en cualquier aflicción, dándoles el consuelo con que nosotros mismos somos consolados por Dios (2Co 1:3-4).

Con amor:

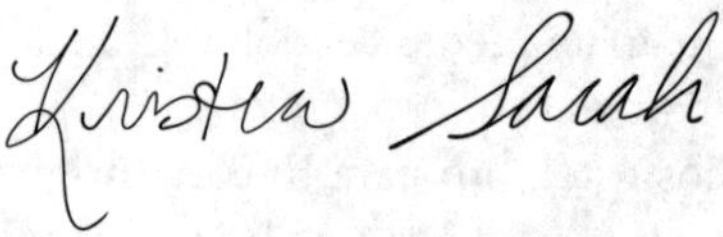

CAPÍTULO UNO

El evangelio hace la diferencia

"Pues Dios, que dijo: 'De las tinieblas resplandecerá la luz', es el que ha resplandecido en nuestros corazones, para iluminación del conocimiento de la gloria de Dios en el rostro de Cristo".

2 CORINTIOS 4:6

Para sufrir bien, necesitas el evangelio.

Muy posiblemente estás leyendo este libro porque tú o alguien que amas está sufriendo, y quieres saber cómo se enfrenta el sufrimiento. Seguramente estás cansada de las tácticas de autoayuda, pues ya sabes que no funcionan. Puede que estés lidiando con preguntas difíciles sobre la fe. Estás luchando por mantener el gozo en medio del dolor, sintiéndote confundida al no saber por qué Dios (si es que existe) permite estas pruebas en tu vida.

Necesitas recordar la verdad para combatir la duda y las profundidades de la desesperanza. Quieres saber cómo sufrir bien, y esa es la razón por la que Sarah y yo escribimos este libro. Estamos contigo, amiga.

Durante estos años de sufrimiento, estas preguntas y muchas otras me han llevado a estar de rodillas (metafóricamente hablando, pues el dolor en mis rodillas no me permite arrodillarme). Sufrir me ha hecho anhelar intensamente la verdad, el consuelo y la paz. A través de esta búsqueda, y con la ayuda de Dios, he podido ver que el evangelio habla a cada aspecto de mi sufrimiento, dándome esperanza y propósito.

Eso fue sucediendo a medida que profundizaba en mi entendimiento del evangelio, de cómo impacta todas las áreas de la vida, desde las luchas más cotidianas hasta las peores tragedias, y desde las sonrisas del día a día hasta las más grandes alegrías. Mientras escribo esto estoy acostada en el sofá con un fuerte dolor en la pierna derecha. Ni siquiera estoy segura de cómo he manejado este dolor —suelo estar adolorida por razones inexplicables— pero soy consciente de la realidad del dolor, y de cómo revela mi necesidad. Puedo ver que necesito algo más poderoso que los medicamentos, los médicos o la "buena suerte". Lo que necesito, y lo que tú necesitas, es la verdad acerca de Jesucristo, porque nuestro sufrimiento solo tiene sentido cuando nos vemos a nosotras mismas a la luz del evangelio. Y solo así podremos vivir con esperanza.

Sin el evangelio, la aflicción es un camino sin salida. Es el vaso medio vacío, o peor. Cuando se desliga el sufrimiento del fundamento de la verdad bíblica, se vuelve, en el mejor de los casos, un obstáculo para salir adelante. En el peor de los casos, nos lleva a un estado de desesperanza y desesperación. Tal vez te encuentras así en este momento.

Pero el evangelio nos ofrece esperanza, claridad y gozo en tiempos que de otra manera serían desesperanzadores, confusos y devastadores. ¡Suena tan simple! Pero hay un detalle: para tener esperanza, claridad y gozo en el sufrimiento, necesitamos conocer el verdadero evangelio. Para empaparnos de su luz, necesitamos meditar en la gran historia de salvación de la Biblia y predicárnoslo a nosotras mismas todos los días. Necesitamos el evangelio para poder sufrir bien, glorificar a Dios y encontrar nuestro gozo en Él durante los tiempos más oscuros.

¿Conoces el verdadero evangelio? Si nos sentáramos a tomar café ahora mismo, ¿podrías explicarlo con tus palabras? ¿Harían esas palabras una diferencia práctica en tu día a día?

Si tu respuesta es "no", ¡no tienes por qué preocuparte! La Palabra de Dios provee todo lo que necesitamos para la vida y la piedad, y esto es lo que dice:

> *El evangelio es la asombrosa realidad de lo que Jesucristo ha hecho por los pecadores —a través de Su vida perfecta, Su muerte en la cruz, Su resurrección victoriosa de la muerte y Su ascensión— para darnos vida eterna con Él, gracias a Su bondad inmerecida. Y nuestra parte es simplemente decir "sí" a Su rescate y a Su gobierno.*

El evangelio es cualquier cosa menos algo normal; es milagroso. No solo no hicimos nada para merecerlo, sino que a través del mismo recibimos mucho más de lo que merecemos. En 2 Corintios 4:3-6, el apóstol Pablo —el gran misionero y plantador de iglesias— usa las metáforas de la luz y las tinieblas para explicar lo que Cristo ha hecho por nosotros:

> *Y si todavía nuestro evangelio está velado, para los que se pierden está velado, en los cuales el dios de este mundo ha cegado el entendimiento (la mente) de los incrédulos, para que no vean el resplandor del evangelio de la gloria de Cristo, que es la imagen de Dios. Porque no nos predicamos a nosotros mismos, sino a Cristo Jesús como Señor, y a nosotros como siervos de ustedes por amor de Jesús. Pues Dios, que dijo: "De las tinieblas resplandecerá la luz", es el que ha resplandecido en nuestros corazones, para iluminación del conocimiento de la gloria de Dios en el rostro de Cristo.*

Luz resplandeciendo de las tinieblas —si eres cristiana, ¡eso es lo que sucedió cuando creíste! Jesús, la luz del mundo, hizo que Su luz y Su verdad resplandecieran en tu corazón, removiendo el velo y la niebla de incredulidad que te tenían cegada. Él trajo Su luz; Él hizo que resplandeciera, y te diste cuenta de que podías ver a Dios como es realmente y amar el evangelio por lo que es en realidad. Y si estás leyendo esto y no eres cristiana, estoy muy feliz y agradecida de que hayas tomado este libro. Esta luz es lo que necesitas que resplandezca en tu corazón.

Así que usemos la explicación de Pablo para descubrir lo que es el evangelio y cómo el evangelio nos capacita para sufrir bien.

El sufrimiento es el resultado del pecado en el mundo

Dios nos creó para que le conociéramos, para que reflejáramos Su imagen, para que honráramos Su gobierno amoroso y para que le siguiéramos. Él nos creó para que camináramos en Su luz. Pero todos nosotros escogimos andar por nuestro propio camino, vivir bajo nuestra propia autoridad y rebelarnos contra Él. Escogimos el camino del pecado y nos arrojamos hacia las tinieblas espirituales:

> *Pues aunque conocían a Dios, no lo honraron (no lo glorificaron) como a Dios ni le dieron gracias, sino que se hicieron vanos en sus razonamientos y su necio corazón fue entenebrecido* (Ro 1:21).

Nuestra rebelión contra Dios fue lo que nos sumergió en las tinieblas. Es lo que nos impide disfrutar de la vida y la luz de la presencia de Dios, y creer que Jesús es el Dios que nos hizo y que sabe lo que es mejor para nosotros. Quedamos ciegos espiritualmente, y eso significa que perdimos la capacidad de ver la belleza de Dios, de confiar en Sus propósitos, de honrar Su autoridad y de habitar cerca de Él —para siempre.

Y el pecado no solo afecta a la humanidad de manera espiritual; también ha causado sufrimiento físico, mental y ambiental. Es la razón por la que estoy acostada en el sofá en este momento.

Ahora bien, eso no significa que tengo dolor porque estoy pecando. El sufrimiento no es necesariamente un resultado directo de nuestro propio pecado, pero sí es un resultado directo de la entrada del pecado al mundo. Fue la rebelión de Adán y Eva contra Dios en el jardín del Edén (Gn 3) lo que causó la muerte física y espiritual, las relaciones rotas y las experiencias difíciles, confusas y trágicas que enfrentamos cada día.

Esto es, sorprendentemente, parte de una buena noticia —¡aunque no lo parezca! Si el sufrimiento no tiene explicación —si se trata meramente de la desalineación de algunos átomos, un caso de mala suerte ante un universo ciego— entonces el sufrimiento no puede tener solución. Pero el sufrimiento general de la raza humana es una consecuencia del pecado. Y el evangelio es la buena noticia para los pecadores...

Jesucristo salva a pecadores que sufren

La oscuridad del pecado nos dejó con la profunda necesidad de la luz del Salvador. A través del evangelio, Dios ha hecho resplandecer Su luz en nuestros corazones para que veamos nuestra necesidad de ser rescatados de la oscuridad del pecado —¡y Jesús es el único que puede hacerlo!

Pablo dice que Jesús es el Cristo, el Rey prometido, que vino a revelarnos el asombro y la naturaleza de Su Reino eterno. Él también es "Jesús", que significa: "Dios salva". Este Hombre tomó nuestro lugar y nuestro pecado, soportó la oscuridad del infierno que nuestro pecado merecía al morir en nuestro lugar, y resucitó para abrir el camino a Su Reino para aquellos que depositan su eterna confianza en Él. Gracias a Jesús, podemos disfrutar de la gloria de Dios, de Su luz y de Su poder, en vez de tenerle miedo, pues en Jesús descubrimos que hemos pecado contra un Rey divino y santo— pero también descubrimos que ese mismo Rey ha muerto para perdonarnos.

Así que Jesús sufrió para liberar nuestras almas del sufrimiento eterno. Si Dios ha abierto tus ojos para que veas tu pecado, y si has confiado en Cristo para ser salvo, entonces el pecado ya no tiene la última palabra en cuanto al destino eterno de tu alma —Jesús la tiene. Él se convirtió en tu Siervo sufriente para librarte de morir en pecado. Jesús sufrió la muerte y fue abandonado por Su Padre en la cruz para que tu muerte fuera tu entrada a la vida eterna.

Y no solo esto, sino que Jesús sufrió para dar consuelo a nuestros corazones en medio de nuestros sufrimientos presentes. En Cristo, somos hijas de Dios. Tenemos a un Dios que está a nuestro lado en las pruebas. Tenemos a un Dios que está transformándonos a la imagen de Jesús, y que hace que todas las cosas —aun el sufrimiento— obren para nuestro bien.

El sufrimiento va a terminar

Lo que Dios está haciendo en nuestras almas llegará a su clímax cuando Jesucristo regrese para darle el golpe final a la muerte. Ya no habrá más lágrimas, gemidos ni dolor, pues Él restaurará esta creación y llevará a los creyentes a su hogar y gloria final (ver Ap 21:1-4); el reino temporal del pecado llegará a su fin, y así mismo todos sus efectos. Veremos claramente la deslumbrante maravilla de "la iluminación del conocimiento de la gloria de Dios en el rostro de Cristo" (2Co 4:6), al poder finalmente ver a nuestro Señor y Salvador cara a cara y adorarlo por la eternidad en la perfección del cielo.

El evangelio te dice por qué existe el sufrimiento, pero también te dice cómo termina el sufrimiento. Debido a que la luz de Jesucristo ha resplandecido en nuestros corazones, la oscuridad eterna ha sido derrotada, y nuestra oscuridad presente está siendo transformada.

Necesitamos el evangelio de Dios para sufrir bien. Lo necesitamos cada día, y nunca más que cuando la vida duele. Mientras más lo entendamos, y mientras más lo recordemos, más precioso será para nosotros. Sin el evangelio, el sufrimiento no tiene sentido (¡y este libro tampoco!). El evangelio es lo único que puede transformar nuestro sufrimiento. Amiga, este es solo el comienzo de nuestro caminar juntas —¡hay mucho más por venir!— pero recuerda que también es la base para todo lo demás.

Reflexiona

- ¿Qué esperas sacar de la lectura de este libro? Al final de este tiempo juntas, ¿cómo esperas haber cambiado?
- ¿Hubo alguna parte de este capítulo que fuera nueva para ti? ¿Te cuesta creer algún aspecto del evangelio? Si tienes preguntas, me gustaría animarte a que hables con una cristiana madura o con el pastor de una iglesia bíblica, y a que leas el libro de Romanos.
- Tómate un tiempo para meditar en las formas en que la obra de Cristo impacta tus aflicciones y dificultades.

Ora

Padre celestial, estoy asombrada ante Tu evangelio, y quisiera asombrarme aún más. Soy una pobre pecadora, y Tú me has provisto a un Salvador perfecto: Jesucristo. Gracias por librarme de Tu justo castigo y por acercarte a mí a través de Él. Gracias porque hay una vida que trasciende el dolor y las lágrimas. Te ruego que uses este libro para ayudarme a honrarte en medio de mi sufrimiento. Amén.

Textos para meditar: Isaías 53; Efesios 1:3-10; Tito 2:11-14

Diario

CAPÍTULO DOS

Su poder en tu debilidad

"Pero tenemos este tesoro en vasos de barro, para que la extraordinaria grandeza del poder sea de Dios y no de nosotros".

2 CORINTIOS 4:7

En algunas culturas, la debilidad humana no solo es vista como algo negativo, sino que se resiste.

Por ejemplo, los estadounidenses harán lo que sea con tal de parecer fuertes, capaces y dignos de admiración. Ejercitamos nuestros cuerpos con intensidad, logramos el éxito personal a expensas de nuestra integridad, y nos resistimos a aceptar la ayuda de los demás. Nuestra sociedad funciona bajo el principio de que para tener éxito y valía hay que estar arriba.

Cuando transferimos esto a nuestra vida cristiana, esto es lo que sucede: Creemos que la comodidad es un derecho que Cristo nunca nos va a quitar, y que el éxito es evidencia de una vida piadosa. Este sentido de derecho ha afectado profundamente la forma en que los cristianos interpretan el sufrimiento y responden al mismo.

Piensa en cómo reaccionamos ante las pruebas. Tratamos de evadirlas. Nos quejamos de ellas y pensamos que no las merecemos. Nos avergonzamos de ellas. Procuramos que los demás nos tengan lástima. Creemos que Dios está airado o molesto con nosotros.

Odiamos la debilidad y estamos dispuestos a cualquier cosa con tal de evadirla.

Un gran problema con esa forma de abordar el sufrimiento es que la debilidad es real. Detrás de las máscaras, todos somos débiles. Es parte de nuestra humanidad. No podemos huir de ella, y gracias a Dios no tenemos que hacerlo. Lo que necesitamos es un entendimiento bíblico del valor de la debilidad (¡sé que eso suena muy extraño!) y de cómo el sufrimiento es la herramienta que Dios usa para mostrar ese valor (¡eso también suena raro!).

Todo cambia cuando vemos la debilidad y el sufrimiento a la luz del evangelio. Porque es a través de la debilidad humana que la fortaleza de Dios nos sostiene y se hace visible en este mundo.

Así es como la Biblia describe a los cristianos: "[Somos los que] tenemos este tesoro en vasos de barro". ¿Cuál tesoro? El glorioso evangelio: la obra de Jesús para salvar a pecadores por gracia a través de la fe. Y ¿qué es barro? Una sustancia frágil y fácil de quebrar. Eso soy. Eso eres. Pablo está usando la ilustración de los vasos de barro para mostrarnos lo frágiles, prescindibles y quebradizos que somos los humanos.

Está diciendo dos cosas importantes que deberíamos interiorizar. **En primer lugar**, un vaso tan débil no es lo más apropiado para llevar un tesoro tan glorioso. Amigas, ustedes y yo somos vasos de barro. Somos pecadoras que no pueden mostrar adecuadamente el hermoso evangelio de Cristo, y nuestra debilidad solo resalta esta verdad. Aun después de haber puesto nuestra confianza en Jesús, seguimos teniendo debilidad en nuestros cuerpos físicos, luchando contra el envejecimiento, los defectos y las enfermedades; y, por supuesto, seguimos luchando contra el pecado y el fracaso.

En segundo lugar, Dios tiene un propósito al depositar un tesoro como ese en un vaso de barro. Si no somos aptas para llevar un tesoro tan glorioso como el evangelio, entonces ¡¿por qué nos pide Dios que lo hagamos?! "... para que la extraordinaria grandeza del poder sea de Dios y no de nosotros". Somos vasos inadecuados, quebradizos y prescindibles, y Dios ha decidido usar nuestra debilidad para demostrar Su poder y amor. Puede que un vaso de barro tenga unas cuantas grietas, cosa que lo hace inservible a los ojos del mundo, pero Dios ve estas deficiencias como medios para derramar y revelar más de Sí mismo.

El pastor Mark Dever da en el clavo cuando dice:

> *Cuando descansamos en Dios, y Dios muestra Su fidelidad, Él recibe la gloria. Este siempre ha sido Su propósito. Él no pretende que seamos fuertes, autosuficientes y que nos olvidemos de acudir a Él... Él pretende que seamos débiles y frágiles, para que nos volvamos a Él y*

descansemos en Él, pues así Él nos provee lo que necesitamos y es glorificado (El mensaje del Nuevo Testamento, 203).

¿Estás sintiéndote débil hoy? ¿Han quedado expuestas tus deficiencias por causa del sufrimiento? Ten ánimo. Eres un vaso de barro, pero tienes un tesoro, y tu fragilidad sirve para que el valor del tesoro sea magnificado en tu vida y en las de los que te rodean.

Pablo sabía esto por experiencia. El hombre que escribió las palabras que estaremos viendo en todos los capítulos de este libro sabía lo que era sufrir, y tuvo que aferrarse a la esperanza. Más tarde en esta carta le habla a la iglesia de Corinto sobre su propio aguijón o espina en la carne, una aflicción constante que dejaba al descubierto su fragilidad y debilidad, y que le hacía depender completamente del poder de Cristo:

> *Y dada la extraordinaria grandeza de las revelaciones, por esta razón, para impedir que me enalteciera, me fue dada una espina en la carne, un mensajero de Satanás que me abofetee, para que no me enaltezca. Acerca de esto, tres veces he rogado al Señor para que lo quitara de mí. Y Él me ha dicho: "Te basta Mi gracia, pues Mi poder se perfecciona en la debilidad". Por tanto, con muchísimo gusto me gloriaré más bien en mis debilidades, para que el poder de Cristo more en mí. Por eso me complazco en las debilidades, en insultos (maltratos), en privaciones, en persecuciones y en angustias por amor a Cristo, porque cuando soy débil, entonces soy fuerte (2Co 12:7-10).*

A través de su experiencia como vaso de barro que muestra el glorioso tesoro del evangelio, Pablo nos enseña cómo el poder de Dios se perfecciona en nuestra debilidad.

Exponiendo y protegiendo

La debilidad puede llegar a sacar lo peor de nosotros. El orgullo suele ser lo que nos hace reaccionar negativamente ante el sufrimiento. Como nos gusta sentir que tenemos el control y que somos fuertes, etiquetamos como "malo" e "inconveniente" a todo lo que obstaculice nuestros planes y habilidades.

Sin embargo, Pablo entiende que Dios está usando su debilidad para exponer su pecado y protegerlo del orgullo. El infierno está lleno de personas autosuficientes que pensaron que no necesitaban ayuda. Dios va a usar tus debilidades para exponer tu pecado, mostrándote lo fácil que es que tu corazón se aferre a cosas como la autosuficiencia, el control y la comodidad. También usará tu debilidad para protegerte de los pecados que surgen cuando tenemos una vida fácil: orgullo, egoísmo, codicia, pereza e ingratitud, por mencionar algunos.

Guiándonos a depender de Él

Cuando Dios saca a la luz nuestro pecado y nuestra fragilidad a través de la debilidad, no nos deja sin esperanza —Él nos guía hacia Cristo. Pablo rogó tres veces al Señor por esa espina en la carne. La incapacidad lo llevó a orar. Y la debilidad lo guió a considerar cuál era el propósito de Dios.

Cuando te sientes débil, ¿te preocupas más por ser liberado del dolor, o te dedicas a clamar al Señor en medio del dolor? ¿Piensas en lo que Dios podría estar haciendo para ayudarte espiritualmente y le pides que te ayude con el dolor?

Pablo sabe que Dios es capaz de quitarle esa espina si quiere hacerlo, pero él confía en los propósitos del Señor. ¡Así que se dedica a orar! Pablo tiene una perspectiva correcta de la pureza y la fortaleza de Dios, así que se acerca a Él con humildad; y sabe que Dios lo ama y que está ahí para él, así que se acerca a Él con confianza. Tú puedes hacer lo mismo.

Tu Padre está cerca de ti gracias a Jesucristo. Su presencia y cuidado son tu consuelo y fortaleza. Deja que la debilidad te lleve a depender de Cristo a medida que le entregas tus peticiones al Padre con confianza, pues Él escucha tus oraciones y siempre hace lo que es mejor para ti.

Exhibiendo Su fortaleza

Esto es algo que no me sale de manera natural cuando mi dolor es casi insoportable:

> *"Por eso me regocijo en debilidades, insultos, privaciones, persecuciones y dificultades..."* (2Co 12:10, NVI).

¿Cómo puede Pablo decir que está contento ante todo ese dolor? Muchos de nosotros tenemos nuestras propias versiones de estos sufrimientos, y normalmente creemos que son todo menos positivos. ¡Parece exagerado decir junto con Pablo que nos gozamos!

Pero imagina que pudieras hacerlo. Imagina que tu contentamiento estuviera fuera del alcance de tu sufrimiento. ¿Cuál es la clave? Pablo se regocija porque sabe que la fortaleza de Dios será más evidente cuando a él ya no le quede de la suya: "... porque cuando soy débil, entonces soy fuerte" (2Co 12:10). La derrota de la autosuficiencia de Pablo lo lleva a experimentar el poder y la fuerza de Dios en él. La dependencia de Dios es el camino al verdadero contentamiento.

Sí, somos vasos de barro, y hay temporadas en la vida en las que el barro está particularmente seco y quebrado. Pero siempre somos vasos de barro que contienen un tesoro —el tesoro del evangelio. En vez de estar agobiadas por nuestra fragilidad, asombrémonos de que somos portadoras de ese gran tesoro, y maravillémonos de que es precisamente nuestra fragilidad lo que hace que el tesoro brille con más fuerza.

Cuando el poder y la fuerza de Dios reinan en tu debilidad, le haces ver al mundo —y a ti misma— que tienes una esperanza que trasciende tus sufrimientos presentes. Tienes oportunidades que no tendrías de otra manera para mostrar la suficiencia de conocer a Cristo para tener gozo, y para compartir la buena noticia de la salvación de Cristo con los que te rodean.

El mundo puede decirnos que la debilidad y el sufrimiento son evidencias de fracaso, pero nosotras sabemos que son medios para conocer y reflejar la suficiencia y la perfección del poder de Cristo. Conociendo lo que somos, y sabiendo lo que tenemos, adquirimos la capacidad de decir junto con Pablo: "Por eso me regocijo... porque cuando soy débil, entonces soy fuerte".

Reflexiona

- ¿A qué área de debilidad necesitas aplicar el evangelio hoy?
- ¿Conoces a alguien que esté pasando por tiempos de debilidad a quien puedas dar razón de la esperanza que hay en ti?
- ¿Has considerado que el poder de Dios se manifiesta más claramente cuando dependes de Él? ¿Cómo podría esto cambiar la forma en que oras? Tómate un tiempo hoy para meditar en esta verdad, y agradécele a Dios por cómo redime incluso tus aflicciones.

Ora

Padre todopoderoso, Tu poder se perfecciona en mi debilidad. Ayúdame no solo a decirlo, sino a creerlo. Ayúdame a no huir de mi debilidad, a no tratar de ocultarla. Más bien ayúdame a correr hacia Ti y a depender de Ti en oración. Necesito tu ayuda para aplicar el evangelio a mis sufrimientos. Por favor, capacítame para hallar contentamiento en Tu evangelio y en Tu fortaleza, en lugar de buscarlo en mis circunstancias, bienestar o habilidades. Líbrame de resistirme con orgullo frente a mi debilidad, y no me permitas influenciar a otros a hacerlo. Por favor hazme tan débil como sea necesario para que no me enorgullezca y para que confíe en Cristo. Amén.

Textos para meditar: Génesis 3:1-7; Job 42:1-6; Juan 9:1-12

Diario

CAPÍTULO TRES

Aflicción y adversidad

"Afligidos en todo, pero no agobiados...".

2 CORINTIOS 4:8

Si uno está siendo afligido en todo —o aunque sea "solo" de algunas maneras— ¿cómo se puede vivir sin estar agobiado por la preocupación y la ansiedad?

Esto suele ser una lucha para mí, y si has sufrido o estás sufriendo, imagino que para ti también. Somos dominadas por un estado perpetuo de ansiedad por cosas que están fuera de nuestro control. La aflicción produce ansiedad, y poco a poco esa ansiedad nos va agobiando hasta que nos roba el gozo y la paz.

¿Qué te produce ansiedad ahora mismo? ¿Tu salud, tu trabajo, tus relaciones personales, tus finanzas o tu familia? ¿O tal vez una lista de deberes pendientes, una relación tensa, una decisión difícil o el futuro?

Una de mis más grandes batallas diarias es con la ansiedad por mi enfermedad, especialmente durante los meses fríos de invierno cuando es casi imposible evitar el dolor. Después de años de lidiar con dolor crónico y otras complicaciones, cuando alguien en casa se enferma me lleno de temor hasta el punto de quedar paralizada. Pensar que tendría que lidiar con los síntomas de algún virus, además de todos los que experimento a diario, produce pánico en todo mi ser.

La realidad es que ser cristianas no nos exime de tener que enfrentar temores y preocupaciones genuinas. Las enfermedades nos siguen afectando, los amigos siguen traicionando, el cuerpo sigue fallando, la vida sigue doliendo. Sin embargo, "Dios no nos ha dado un espíritu de cobardía, sino de poder, de amor y de dominio propio" (2Ti 1:7 LBLA). Los creyentes estamos equipados con las herramientas que necesitamos para librar esta batalla por la paz. Pero, en términos prácticos, ¿cómo es que Cristo nos libera de nuestras preocupaciones y temores?

Reconoce la raíz de tu ansiedad

> *Por eso les digo, no se preocupen por su vida, qué comerán o qué beberán; ni por su cuerpo, qué vestirán. ¿No es la vida más que el alimento y el cuerpo más que la ropa? Miren las aves del cielo, que no siembran, ni siegan, ni recogen en graneros, y sin embargo, el Padre celestial las alimenta. ¿No son ustedes de mucho más valor que ellas? ¿Quién de ustedes, por ansioso que esté, puede añadir una hora al curso de su vida? (Mt 6:25-27).*

Fue Jesús quien dijo estas palabras. Nos está diciendo que no nos preocupemos.

Él mismo nos ha dado estas preguntas para que meditemos en ellas al tratar con nuestro corazón ansioso. Cuando la ansiedad quiere apoderarse de nosotros, las herramientas de autoayuda y el pensamiento positivo que tanto recomiendan terminan defraudándonos y dejándonos con la misma incertidumbre. Necesitamos ir directamente a la raíz de nuestra ansiedad, y eso usualmente revela una falta de confianza en la soberanía, el poder, la sabiduría y las promesas de Dios.

No toda ansiedad viene de una falta de confianza. A veces hay aspectos psicológicos involucrados en la preocupación, y estos no tienen que estar conectados necesariamente con un asunto espiritual. Pero la mayoría de nosotros batallamos con las ansiedades cotidianas de la vida y del sufrimiento, y muchas de esas preocupaciones sí se derivan de una falta de confianza.

Cuando entro en pánico al ver que uno de mis hijos llega a casa enfermo, normalmente me irrito, me abrumo y me obsesiono tratando de controlar mis circunstancias. Necesito preguntarme a mí misma: "¿Cuál es la raíz de mi ansiedad en este momento?". La verdad que prefiero evitar es que no estoy queriendo confiar en que Cristo controla cada aspecto de mi vida —incluyendo los gérmenes, la salud y el dolor físico. En realidad estoy escogiendo no confiar en que Dios es bueno y que solo va a permitir lo que sirva para mi bien y para Su gloria. Estoy decidiendo no creer que Cristo va a equiparme y a proveer lo que necesito si mis temores llegan a hacerse realidad. Estoy dejando que mi corazón tema al dolor más de lo que descansa en el amor de Dios por mí.

En otras palabras, estoy escogiendo el miedo en vez de la confianza. Y esa es la raíz de la mayoría de nuestras preocupaciones. Simplemente no estamos convencidas de que Dios puede intervenir, o de que realmente lo hará.

Recuerda la realidad

En esos momentos, tú y yo necesitamos considerar la realidad de este mundo:

> *¿Y por qué se preocupan por la ropa? Observen cómo crecen los lirios del campo. No trabajan ni hilan; sin embargo, les digo que ni siquiera Salomón, con todo su esplendor, se vestía como uno de ellos. Si así viste Dios a la hierba que hoy está en el campo y mañana es arrojada al horno, ¿no hará mucho más por ustedes, gente de poca fe? Así que no se preocupen diciendo: "¿Qué comeremos?" o "¿Qué beberemos?" o "¿Con qué nos vestiremos?". Los paganos andan tras todas estas cosas, pero el Padre celestial sabe que ustedes las necesitan (Mt 6:28-32, NVI).*

La verdad es que a Dios le importa, y es Él mismo quien provee. Toda la naturaleza es evidencia de esto. Dios sabe lo que necesitamos (lo cual puede ser diferente a lo que queremos, y es ahí cuando es más difícil confiar). Y tal como nos recuerda Jesús, Dios es el Padre de Su familia. Puede que los padres no den a sus hijos lo que no les convenga, pero no van a dejar de darles lo que necesiten. Un buen padre no siempre le da explicaciones a sus hijos, pero siempre actúa por amor a sus hijos.

Cuando sucumbo a la ansiedad, estoy decidiendo vivir como si este mundo estuviera fuera de control, o bajo el control de un ser indiferente. Necesitamos recordar la realidad. Cuando lo hacemos, recordamos que este mundo está bajo el control de nuestro Padre, que tiene mucho más cuidado de nosotros de lo que sabemos.

Echa toda tu ansiedad sobre Él

... echando toda su ansiedad sobre Él, porque Él tiene cuidado de ustedes (1P 5:7).

Dios quiere hacerse cargo de nuestras ansiedades, porque Él tiene cuidado de nosotras. Y ya que es Dios, Sus manos son suficientemente grandes como para sostener lo que nosotras no podemos. Nos dice que depositemos toda nuestra ansiedad sobre Él. Esto significa ser intencional en llevar nuestras cargas a Dios en oración —hacer un esfuerzo consciente, momento a momento, de vivir por fe y no por miedo. Solo Él es nuestra fortaleza cuando nuestros cuerpos ya no pueden más; solo Él es nuestra fuente de esperanza cuando la tristeza nos abate; solo Él es nuestra sabiduría cuando tenemos una visión limitada y debemos tomar decisiones importantes; solo Él es nuestra roca cuando nuestra seguridad terrenal es sacudida.

Cree en las promesas de Dios

Pero busquen primero Su Reino y Su justicia, y todas estas cosas les serán añadidas (Mt 6:33).

El mejor antídoto para la ansiedad es recordar constantemente las promesas inconmovibles que tenemos en la Palabra de Dios. Cuando somos sorprendidas por alguna circunstancia que amenaza con quitarnos la paz, debemos estar listas para combatirla con la verdad. Aquí tienes algunos ejemplos:

"No me siento capaz de cumplir con esta tarea o responsabilidad. ¿Y si no lo hago bien?".

Y Él me ha dicho: "Te basta Mi gracia, pues Mi poder se perfecciona en la debilidad". Por tanto, con muchísimo gusto me gloriaré más bien en mis debilidades, para que el poder de Cristo more en mí (2Co 12:9).

"Perdí mi trabajo y me preocupa cómo voy a sustentar a mi familia".

El Señor está cerca. Por nada estén afanosos; antes bien, en todo, mediante oración y súplica con acción de gracias, sean dadas a conocer sus peticiones delante de Dios. Y la paz de Dios, que sobrepasa todo entendimiento, guardará sus corazones y sus mentes en Cristo Jesús (Fil 4:5-7).

"Siento que no estoy siendo la madre que sé que debería ser. Estoy tratando de hacer todo lo que puedo, pero estoy tan agotada y temerosa de no estar haciendo lo suficiente".

Vengan a Mí, todos los que están cansados y cargados, y Yo los haré descansar. Tomen Mi yugo sobre ustedes y aprendan de Mí, que Yo soy manso y humilde de corazón, y hallarán descanso para sus almas. Porque Mi yugo es fácil y Mi carga ligera (Mt 11:28-30).

"¿Qué voy a hacer si eso que tanto temo se vuelve realidad?".

Y sabemos que para los que aman a Dios, todas las cosas cooperan para bien, esto es, para los que son llamados conforme a Su propósito (Ro 8:28).

"Si no conozco a alguien pronto, me quedaré sola el resto de mi vida".

Porque Él ha saciado al alma sedienta, y ha llenado de bienes al alma hambrienta (Sal 107:9).

"Caigo en el mismo pecado; creo que nunca seré libre de esta lucha".

Pero ahora, habiendo sido libertados del pecado y hechos siervos de Dios, tienen por su fruto la santificación, y como resultado la vida eterna (Ro 6:22).

"No sé si realmente valga la pena soportar este dolor, solo quiero una salida rápida".

Pues esta aflicción leve y pasajera nos produce un eterno peso de gloria que sobrepasa toda comparación, al no poner nuestra vista en las cosas que se ven, sino en las que no se ven. Porque las cosas que se ven son temporales, pero las que no se ven son eternas (2Co 4:17-18).

No tenemos que vivir nuestras vida esforzándonos ansiosamente por controlar todas las circunstancias que nos rodean. Confía en Cristo, y recuerda que cada aspecto de nuestras vidas está diseñado con un propósito, para hacernos más como Él y traer gloria a Su nombre. Después de todo, "El que no negó ni a Su propio Hijo, sino que lo entregó por todos nosotros, ¿cómo no nos dará también junto con Él todas las cosas?" (Ro 8:32). En realidad, no hay por qué temer cuando tenemos a un Padre como el nuestro.

Reflexiona

- ¿Por qué estás ansiosa en este momento? ¿Puedes reconocer algún área de incredulidad que esté produciendo esa ansiedad? ¿Será que tu preocupación se debe al deseo de tener todo bajo control?
- ¿Cómo sería tu vida si vivieras por fe en tu Padre celestial, en vez de estar preocupada?
- ¿Cuáles ansiedades debes echar ahora mismo sobre Dios?

Ora

Padre celestial, es tan fácil vivir llena de ansiedad y preocupación por mi apariencia, mi salud, mis comodidades, mis finanzas, mis responsabilidades, mis relaciones y la inestabilidad en el mundo. ¡Oh cuán rápido olvido lo que has hecho por mí y cómo me has amado! Gracias porque me has hablado directamente en Tu Palabra sobre cómo lidiar con las ansiedades y las preocupaciones de la vida. Trae estas verdades a mi mente cuando el miedo quiera apoderarse de mí, y ayúdame a depositar mis ansiedades sobre Ti con una fe inquebrantable. Enséñame a vivir con valentía, en Tus fuerzas y con la esperanza de la eternidad contigo. Amén.

Textos para meditar: Salmo 23:1-6; Isaías 40:29-31; Filipenses 4:6-7

Diario

CAPÍTULO CUATRO

Cuando te sientes agobiada

"Afligidos en todo, pero no agobiados...".

2 CORINTIOS 4:8

El sufrimiento puede ser tan doloroso y oscuro que la normalidad puede llegar a parecernos una memoria distante de otra vida —una vida más fácil y más feliz.

El dolor oprime nuestra fe y produce emociones que son difíciles de confrontar y reprimir. Muchas veces me he dicho a mí misma: "No sé cuánto más pueda soportar" o "¿Podría esto ser peor? Solo quiero que todo vuelva a la normalidad".

Aun cuando conozcamos la esperanza del evangelio y lo creamos con todo nuestro corazón, esa presión puede aplastarnos. No se supone que el dolor y el sufrimiento fueran parte de nuestra experiencia cotidiana, y por eso los percibimos como inapropiados; pero ahora, por causa de la entrada del pecado al mundo, lo normal es que nos sintamos "afligidos en todo" con frecuencia, tal como Pablo lo describe a la iglesia en Corinto.

Pablo realmente fue afligido *en todo*. Fue un hombre que sufrió de muchas formas.

> *Cinco veces he recibido de los judíos treinta y nueve azotes. Tres veces he sido golpeado con varas, una vez fui apedreado, tres veces naufragué, y he pasado una noche y un día en lo profundo. Con frecuencia en viajes, en peligros de ríos, peligros de salteadores, peligros de mis compatriotas, peligros de los gentiles, peligros en la ciudad, peligros en el desierto, peligros en el mar, peligros entre falsos hermanos; en trabajos y fatigas, en*

muchas noches de desvelo, en hambre y sed, con frecuencia sin comida, en frío y desnudez. Además de tales cosas externas, está sobre mí la presión cotidiana de la preocupación por todas las iglesias (2Co 11:24-28).

Peligros. Desnudez. Violencia. Preocupación. Creo que muchas podemos sentirnos identificadas con Pablo, no porque hayamos pasado por problemas similares, sino por la presión abrumadora de las dificultades que hemos enfrentado. ¿Qué aflicción está amenazando con agobiarte hoy? ¿Qué sufrimiento está probando tu fe?

Tal vez estás luchando con una enfermedad crónica, o con una enfermedad temporal que te impide llevar a cabo tus planes. O puede ser que hayas perdido tu trabajo esta semana, y estás preocupada por el sustento de tu familia. ¿Estás en medio de un pleito desagradable? ¿O estás casada con alguien que no sigue al Señor?

En mi caso, lo que me amenaza es la enfermedad de Lyme. Por causa de este mal y de sus efectos, el dolor y la debilidad me visitan con frecuencia. A veces disfruto de temporadas en las que me siento bien, estable y con esperanza, y de repente ellos vuelven con más fuerza. Llego al límite durante estas recaídas, pues mi fe se debilita y se intensifica la lucha por confiar en el evangelio. En esos momentos no hago más que llorar. Suelo llorar de ira, miedo y preocupación. Me pregunto cuánto más puedo soportar, si algún día esa lucha va a terminar y si realmente puede salir algo bueno de todo esto. Soy tentada a creer que porque estoy siendo afligida de ciertas maneras, no voy a poder salir de esta crisis espiritual y física. ¡Cuánto deseo que mi corazón fuera como el de Pablo! Cuánto anhelo creer esta hermosa verdad: Puedo estar siendo afligida en todo, pero no tengo que estar agobiada.

¿No te gustaría experimentar eso? ¿Tener la seguridad de que las presiones del sufrimiento no te van a vencer?

Hacia dónde mirar

¿Cómo podemos aprender a soportar la aflicción sin estar agobiadas? Mirando hacia la cruz, hacia Aquel que fue colgado en ella.

Ciertamente Él llevó nuestras enfermedades,
y cargó con nuestros dolores.
Con todo, nosotros lo tuvimos por azotado,

por herido de Dios y afligido.
Pero Él fue herido (traspasado) por nuestras transgresiones,
molido por nuestras iniquidades.
El castigo, por nuestra paz, cayó sobre Él,
y por Sus heridas (llagas) hemos sido sanados (Is 53:4-5).

Jesús, el perfecto Dios-Hombre, decidió tomar la copa del sufrimiento que le dio el Padre. Fue clavado violentamente en una cruz por las autoridades romanas. Fue despreciado, le escupieron y se burlaron de Él. Antes de que Sus pulmones colapsaran, gritó: "Dios mío, Dios mío, ¿por qué me has abandonado?". Incluso Dios, con quien Jesús había disfrutado de una perfecta relación desde la eternidad pasada, quitó de Él Su mirada. Y todo por causa de nuestro pecado.

Jesús fue traspasado por nuestras transgresiones. Fue abatido por nuestras iniquidades. Cargó el peso de nuestro pecado sobre sus hombros. Jesús recibió voluntariamente el castigo que merecíamos, bebió la copa de la muerte espiritual por nosotros.

Pero ese no es el fin de la historia:

Pero quiso el Señor quebrantarlo, sometiéndolo a padecimiento.
Cuando Él se entregue a Sí mismo
como ofrenda de expiación,
verá a Su descendencia, prolongará Sus días,
y la voluntad del Señor
en Su mano prosperará (v 10).

Cuando Cristo fue clavado a la cruz, estaba cumpliendo la voluntad de Dios para salvar a pecadores. Al beber la copa del sufrimiento, Jesús se convirtió en la ofrenda por nuestra culpa, y Dios aceptó con gozo Su sacrificio. Esta es la razón por la que Dios lo levantó de entre los muertos al tercer día; Jesús venció la muerte entrando en ella voluntariamente como el sacrificio perfecto. En las palabras del ministro alemán Dietrich Bonhoeffer, quien murió en un campo de concentración nazi durante la Segunda Guerra Mundial: "El sufrimiento es vencido por el sufrimiento, y se convierte en el camino para llegar a tener comunión con Dios" (*El costo del discipulado*, 92).

Dios ha tomado nuestra más grave aflicción —la muerte— y la ha vencido en Cristo, de manera que nosotros nunca seremos vencidos por ella. El Padre afligió a Su Hijo para que nosotros nunca fuéramos abatidos por el pecado ni por la muerte, y así pudiéramos disfrutar de una eternidad de gozo en Su presencia.

La cruz y el ahora

¿Pero qué decimos del ahora? Nos espera una eternidad de gozo con Cristo, que es más que asombroso, pero ¿qué de nuestras aflicciones presentes? ¿Qué tiene que ver la cruz de Cristo con las presiones del día de hoy?

La cruz nos dice que Dios no nos está condenando. Si has confiado en Jesús, entonces Él ha sido castigado por tu pecado —todo tu pecado: pasado, presente y futuro. Dios nunca te va a condenar. Puedes estar segura de que tus pruebas no son expresiones de la ira de Dios, porque toda esa ira fue derramada sobre Jesús. No hay condenación para aquellos por quienes Cristo pagó.

Así que cuando empieces a pensar que tu aflicción es un castigo de Dios por algo que hiciste, recuerda la cruz. Si piensas que no puedes ir a Dios en adoración y oración cuando estés sufriendo, recuerda la cruz.

Sí, algunas aflicciones son consecuencias naturales de nuestras decisiones pecaminosas, pero la consecuencia final fue clavada en la cruz cuando Jesús cargó con todos nuestros pecados. Y el propósito de Dios nunca será castigar a Sus hijos, aun cuando pequemos contra Él. Puede que nos esté disciplinando para que podamos ver que estamos alejándonos de Él. Pero gracias a la cruz, puedes estar segura de que Dios no te va a condenar.

La cruz significa que Dios está a favor nuestro y nos ama —aun cuando no podamos ver Sus propósitos; aun cuando no podamos ver el objetivo de Su disciplina; aun cuando el sufrimiento parezca inútil. Gracias a la cruz somos libres para ver los sufrimientos diarios a la luz del amor de Dios y de Su obra a nuestro favor. Sabemos que Dios está con nosotros, no contra nosotros, porque nos dio a Jesús.

El autor y predicador Jared Wilson escribe lo siguiente:

> *Hay un gran símbolo que expresa que eres más amado de lo que pensabas: la cruz. Y hay un símbolo más que confirma que vas a vivir en ese amor para siempre: la tumba vacía (El Dios que Obra Milagros, 59).*

La cruz de Cristo no termina en la muerte, ¡sino que conduce a la vida! La resurrección de Jesús fue el sello de aprobación de Dios sobre Su sacrificio.

Amiga, Jesucristo fue afligido por ti, porque el Padre está a tu favor y te ama. Esta verdad del evangelio es tu seguridad y confianza cuando las presiones del sufrimiento parezcan demasiado grandes e imposibles de soportar. Ciertamente el Hijo de Dios ha cargado con tus tristezas y dolores. Fue abatido para que tú nunca lo fueras. Tus aflicciones son temporales porque tus pecados ya han sido pagados. Tu futuro es seguro porque Él se levantó de la tumba y está vivo. Puedes decir confiadamente con Pablo: "... [estamos siendo] afligidos en todo, pero no agobiados...".

Reflexiona

- ¿Cómo te presionan tus aflicciones? ¿De qué manera te sientes cargada por ellas?
- ¿Cómo cambia tu perspectiva de tus aflicciones presentes cuando consideras los pecados por los que Jesús fue abatido? ¿Cómo cambia tu forma de ver tus tribulaciones saber que Jesús te ama tanto?
- ¿De qué manera podrías ser más intencional en meditar en el amor de Dios por ti?

Ora

Señor Jesús, si pudiste soportar algo tan horrible como la muerte en la cruz y usarla para mi salvación, ¡cuánto más puedes transformar mis aflicciones presentes en un bien eterno! Gracias, Padre, porque lo que debería abatirme ya ha sido vencido por tu Hijo. Dame valentía para enfrentar mis pruebas, ayúdame a creer que me amas y no me condenas, y dame claridad para ver cómo puedes estar disciplinándome para crear en mí un corazón dedicado a ti. Te ruego que me capacites para siempre recordar que soy profundamente amada. Amén.

Textos para meditar: Jeremías 23:1-5; Lucas 24:1-12; Colosenses 1:15-20

Diario

CAPÍTULO CINCO

Más grande que mi dolor

"Afligidos en todo, pero no agobiados...".

2 CORINTIOS 4:8

A pesar de mis deseos, la aflicción ya tiene varios años siendo una compañera cercana. Siempre está a mi lado. Se hace sentir de muchas maneras, y hay ocasiones en las que me cuesta creer la verdad de que no me agobiará.

El dolor es algo poderoso; en tan solo unos momentos puede destruir tu confianza, fortaleza mental, resolución y optimismo. Mientras escribo esto, con un cuerpo adolorido y un alma cansada, considero esta gran verdad de 2 Corintios. Y hay momentos en los que, a pesar de mis más grandes esfuerzos por aferrarme a la esperanza y ser fuerte, mi alma y mi espíritu se debilitan luchando en medio del dolor físico que padezco a diario. Constantemente me encuentro a mí misma haciendo una oración de quebrantamiento en esos momentos. "Oh Señor, ¿cómo puedo ser útil para Ti en esta situación? ¡Cuánto más podría ofrecerte si tuviera buena salud, si tuviera energía y fuerza! Señor, ¿cuál es el punto de este dolor?".

La realidad es que el dolor físico o emocional, especialmente cuando es crónico, tiende a eliminar las máscaras que solemos usar, dejando nuestros corazones al descubierto y amenazando nuestra autosuficiencia. Nos rescata de distracciones vacías y nos hace enfrentar la pregunta: ¿Realmente vale la pena seguir a Jesús si mi vida sigue de esta manera?

Amo las palabras de Christina Rossetti, una poeta del siglo XIX, en *Una mejor resurrección*. Retratan los crudos efectos del dolor y la angustia en la vida de esta mujer piadosa, y también su decisión de rendir su voluntad y confiar en nuestro Salvador:

No tengo humor, palabras ni lágrimas;
mi corazón está duro como una piedra,
está demasiado entumecido para tener esperanza o miedo.
Miro a la derecha, miro a la izquierda, estoy sola;
levanto mis ojos, pero siguen apagados de tristeza.
No veo montes eternos;
mi vida está en la hoja que cae.
Oh Jesús, avívame.

En medio del quebrantamiento de su cuerpo y del cansancio de su espíritu, ella se aferra a la única esperanza que permanece. No es una rendición que refleja impotencia o derrota, sino un clamor en fe y humildad para poder dejar a un lado la vida que deseaba y así tener más de la presencia de Jesús. ¿Es realmente posible pensar así? ¿Cómo puedo sentirme así en medio de mi propio dolor y aflicción? ¿Cómo puedes hacerlo tú?

Porque no tenemos un Sumo sacerdote que no pueda compadecerse de nuestras flaquezas, sino Uno que ha sido tentado en todo como nosotros, pero sin pecado. Por tanto, acerquémonos con confianza al trono de la gracia para que recibamos misericordia, y hallemos gracia para la ayuda oportuna (Heb 4:15-16).

El dolor nunca es placentero, pero nada puede compararse al dolor de una eternidad sin Dios. Así que mi dolor hoy es solo una pequeña muestra de aquello de lo cual he sido salvada. ¿Cuánto mas podremos captar la hermosa y gloriosa promesa de una eternidad con nuestro Salvador, libre del dolor, cuando tenemos un recordatorio diario de aquello de lo cual hemos sido salvadas?

No sé tú, pero yo soy rápida en enfocarme en mi dolor y en pensar que nadie podría entender lo que estoy pasando; soy tentada constantemente a quejarme, desanimarme y apartarme de aquellos que amo. Pero hay Alguien que me entiende —Alguien que ha pasado por todo lo que estoy viviendo, por todo lo que voy a tener que soportar y por mucho, mucho más. Esa persona es Jesús.

Si es así, ¿por qué suelo acudir a Él como último recurso? La realidad es que nadie puede entender completamente nuestro dolor de la manera en que lo entiende nuestro Salvador; Él es el único que nos conoce íntimamente y que ha caminado este duro camino antes que nosotras. No se supone que soportemos el dolor de esta vida en soledad y en nuestras propias fuerzas. Más bien, servimos a un Dios que lleva las cicatrices físicas de Su amor por nosotros, y que nos entiende como alguien que ha vivido como un ser humano y ha sufrido más de lo que tú y yo vayamos a sufrir jamás. Él desea llenar las grietas de nuestras vidas, esas que han dejado el pecado y el sufrimiento, con la esperanza del evangelio y el poder sanador de Su presencia. Hay algo que nunca será verdad sin importar cuánto estemos sufriendo: que nadie nos entiende. Tenemos a un Dios cuyas manos aún tienen las cicatrices de los clavos. Clamamos a un Dios cuyo tiempo en la tierra estuvo marcado por las aflicciones que producen la pobreza, la decepción, la traición, la burla, la violencia y la muerte.

Y este Dios, Jesús, nos ofrece misericordia y gracia en nuestro tiempo de necesidad. ¡Así que clama a Él! Dios no nos ha dejado para que nos las arreglemos por nuestra propia cuenta. ¡Estoy tan agradecida por eso! Cuando sintamos que ya no podemos más y nos cueste poner un pie delante del otro, podemos clamar a Jesús, quien no solo nos entiende sino que nos fortalece cuando somos débiles, nos equipa cuando estamos cansadas, y usa nuestro quebrantamiento para producir algo hermoso. ¡Alabado sea Dios por darnos una esperanza que trasciende nuestro dolor por la gracia y la misericordia de Jesucristo!

Mi vida es como una hoja seca,
mi cosecha se reduce a una cáscara.
Verdaderamente mi vida es hueca y corta
y tediosa en la noche estéril;
Mi vida es como algo congelado,
nada germina, no hay verde.
Pero se levantará —la sabia de la primavera.
Oh Jesús, levántate en mí.

Mientras escribo, le estoy diciendo esta verdad a mi propia alma con la misma intensidad que te la digo a ti. Aunque hay momentos en los que el dolor parece casi insoportable, tenemos una esperanza que la mayoría de los que sufren no conocen. Mientras tú deseas la sanidad de tu cuerpo o de tu mente, Jesús desea la sanidad de tu alma sobre todas las cosas. Así que tienes dos opciones: permitir que ese período de dolor te acerque más a Jesús, o que te aleje de Él. Debes saber que la aflicción puede producir en ti una amargura paralizante o hacerte creer que eres autosuficiente, y ambas cosas te alejan de Jesús. Pero también puede llevarte a buscar a Jesús, a creer que Él sabe, le importa y puede ayudar, y que un día te llevará a un mundo donde la fe se convertirá en vista y el dolor no existirá más.

¡Así que clamemos a Él en medio de nuestro dolor! Aunque seamos afligidas en todo, no tenemos que agobiarnos porque la gracia de Jesucristo ha sido derramada sobre nosotras. Él solo permitirá que suceda lo que Él va a usar para llevar a cabo Sus buenos propósitos en tu vida, y si Él ha decidido permitirte soportar alguna clase de dolor o aflicción, puedes refugiarte en la promesa de que Él solo permitirá por un tiempo lo que pretende usar para nuestro bien y Su gloria.

No te rindas ni te entregues a la desesperación, pues el dolor de este mundo puede acercarte a Jesús, y ese es un tesoro glorioso que vale muchísimo más que toda paz terrenal. Sí, el dolor y la aflicción son reales en este mundo. Jesús lo sabe. Pero si permaneces luchando en fe, eso que tiene el potencial para destruirte puede ser el medio que Dios use para transformarte.

Mi vida es como un vaso roto,
un vaso roto que no puede contener
ni una gota de agua para mi alma...
Echa al fuego este vaso inútil;
derrite y moldea, hasta que sea
una copa real para Él, mi Rey.
Oh Jesús, bebe de mí.

Parece ser que la aflicción será mi compañera cercana durante esta vida. Pero cuando sea tentada a agobiarme, puedo recordar que tengo a un Dios que me entiende y me ayuda, y que usará esa aflicción para guardarme en Él y moldearme a Su semejanza. No seré derrotada, porque Él es más grande que cualquier aflicción, y Su amor —a diferencia de mi aflicción— permanecerá para siempre.

Reflexiona

- ¿A dónde acudes cuando el dolor en tu vida parece insoportable?
- ¿Echarás todas tus cargas sobre tu Salvador, confiando en que Él es lo suficientemente poderoso como para sostenerte y glorificarse aun en los momentos más dolorosos y angustiosos?
- ¿Estás dispuesta a aceptar el dolor en tu vida o en la vida de un ser querido como la perfecta voluntad de Dios en este tiempo?
- ¿Crees que Jesús realmente puede entenderte en todas tus debilidades? ¿Por qué sí o por qué no? Si no lo crees, ¿podrías acercarte a Él en oración y suplicarle que te ayude y te revele más de Sí mismo?

Ora

Oh Señor, hay momentos en los que el dolor parece insoportable. Queremos ser sanadas y liberadas de la esclavitud que el dolor puede producir en esta vida, pero te alabamos porque Tú nos has dado una esperanza que trasciende nuestro dolor; un gozo que trasciende nuestra angustia, y una vida que trasciende la muerte que merecemos. Señor Jesús, perdónanos por ceder a la amargura y a la queja en medio de nuestro dolor, y ayúdanos a conocer Tu poder salvador de una manera más profunda por medio de ese mismo dolor. ¡Cuando somos débiles, entonces somos fuertes! Por Tu gracia, danos fuerza para el día de hoy y esperanza para el mañana. Gracias, Jesús, porque aunque estemos siendo afligidas en todo, no estamos agobiadas, y esto por la esperanza del evangelio. Que seas Tú glorificado en este dolor y en nuestras vidas para el avance de Tu Reino. Amén.

Textos para meditar: Isaías 53; Salmo 16

Diario

CAPÍTULO SEIS

Paz en medio de la confusión

"... perplejos, pero no desesperados...".

2 CORINTIOS 4:8

Te pregunto: ¿Has pasado por temporadas en las que pareciera que la mano de Dios está dirigiéndote claramente en una dirección, y de repente las circunstancias toman un rumbo inesperado y no deseado?

Hace unos años sucedió uno de esos momentos en mi propia familia. Estábamos llenos de pesar y de temor por los problemas de comportamiento de nuestro hijo; necesitábamos ayuda desesperadamente, y estábamos buscando consejo y dirección con personas en quienes confiábamos. Después de mucha oración y de muchas recomendaciones de ir a cierto médico, decidimos tratar de conseguir una cita con él. Quedamos asombrados ante el milagro de haber conseguido una cita para la siguiente semana. A pesar del alto costo financiero, estábamos muy agradecidos porque parecía que finalmente estábamos recibiendo la ayuda que necesitábamos de un médico en quien podíamos confiar.

Unos días después de haberlo visto descubrimos que el médico no era el que pensábamos que veríamos. Parece que hubo una especie de disputa legal y que este doctor seguía usando el nombre del consultorio en el que ambos trabajaban. Este señor atendía a los pacientes sabiendo que pensaban que estaban siendo atendidos por otra persona.

Nuestra emoción se convirtió en desconcierto e ira. Habíamos estado alabando a Dios por su clara guía y provisión, y Él permitió que esa misma provisión nos fuera quitada de manera repentina, dejándonos perplejos y perturbados.

¿Por qué Dios no nos reveló esto una semana antes de que gastáramos todo ese dinero y tiempo? ¿Por qué Dios no nos protegió cuando estábamos procurando su dirección y confiando en Él?

Dios tiene un plan. Pero es un plan que suele ser desconcertante desde mi punto de vista. Y esta clase de cambios desconcertantes pueden generar ira y amargura en nuestros corazones. Somos tentados a concluir que Dios no está ahí, o que si lo está entonces no le importa —ambas opciones nos llevan a la desesperanza.

Sin embargo, Pablo no está desesperado —está perplejo ante lo que Dios está haciendo, pero no está desesperado. ¿Por qué no?

> *... la fe es la certeza (sustancia) de lo que se espera, la convicción (demostración) de lo que no se ve (Heb 11:1).*

Las circunstancias que nos desconciertan no tienen que llevarnos necesariamente a la desesperanza. En lugar de eso, pueden conducirnos a nuevas profundidades de fe. Nos desafían a confiar únicamente en las promesas de Dios, en vez de crear dioses hechos a nuestra imagen para darle sentido a lo que nos desconcierta.

Sí, Dios a veces nos da destellos de Sus propósitos, pero las complejidades de Sus caminos sobrepasan nuestra habilidad de comprender completamente. Sin embargo, nuestro entendimiento limitado puede enseñarnos no solo a obedecerle sino también a confiar en Él completamente, ya sea que podamos entender Sus propósitos o no. Como dijo el teólogo J. I. Packer:

> *Desde nuestra perspectiva, esta es la razón final por la que Dios llena nuestra vida de aflicciones y desconciertos de un tipo u otro: Para asegurarse de que aprendamos a aferrarnos a Él (El conocimiento del Dios santo, 227).*

Después de todo, si siempre estamos tratando de entender los propósitos misteriosos de Dios, no estamos ejerciendo nuestra fe. Solo estamos aceptando las partes de Dios con las que nos sentimos cómodas o las que podemos explicar. Si Dios es Dios y nosotras no lo somos, entonces podemos aceptar que nuestra visión es muy limitada, mientras que nuestro Señor soberano ha creado, sostenido, sustentado, orquestado y obrado a través de todas las cosas desde el principio del tiempo. Tener fe no es vivir sin sentir desconcierto, sino vivir confiadas en medio del desconcierto.

Así que necesitamos desenmascarar cuatro perspectivas erradas que pueden contribuir a la confusión y a la frustración cuando Dios permite que sucedan circunstancias desconcertantes.

Una perspectiva de la vida a corto plazo

Y todo el que haya dejado casas, o hermanos, o hermanas, o padre, o madre, o hijos o tierras por Mi nombre, recibirá cien veces más, y heredará la vida eterna (Mt 19:29).

Mi respuesta inicial a las circunstancias desconcertantes suele ser frustración, confusión y, a veces, ira. ¿Por qué? Porque en lugar de ver mis circunstancias desde una perspectiva eterna, estoy pensando a corto plazo, así que le doy más peso a mis sentimientos y pensamientos inmediatos que a las promesas que Dios me ha dado en Su Palabra. Él ha prometido obrar para el bien de los que le aman. Él ha prometido guiarlos al hogar. Él ha prometido darles una herencia incorruptible e inimaginablemente maravillosa. Nuestras pruebas son parte de la gloriosa historia que Él está llevando a cabo en Su creación, para el bien de Su pueblo y para Su gloria.

Él no ha prometido que todo va a tener sentido ahora.

Aunque no se nos ha prometido un mapa de la trayectoria de nuestra vida, con todos los momentos sorpresivos y los cambios, podemos confiar en la mano de Dios y aprender a ver nuestras circunstancias desde una perspectiva eterna. Cuando las circunstancias nos desconcierten, podemos permanecer confiadas en que cada evento confuso, cada inconveniente sin sentido, cada lágrima derramada y cada sacrificio ha sido divinamente orquestado para nuestro bien y para desplegar la gloria de Dios hasta que le veamos cara a cara.

Un concepto demasiado alto de nuestra propia sabiduría

Somos blanco fácil de la decepción y la confusión cuando tratamos de buscarle el sentido a cada una de las circunstancias de nuestras vidas. Al ser occidentales en una era tecnológica, tendemos a asumir que sabemos lo que es mejor. Cuando Dios no sigue nuestros planes, significa que debe estar equivocado, ¿cierto? Pero...

> *... Mis pensamientos no son los pensamientos de ustedes,*
> *ni sus caminos son Mis caminos", declara el Señor.*
> *"Porque como los cielos son más altos que la tierra,*
> *así Mis caminos son más altos que sus caminos,*
> *y Mis pensamientos más que sus pensamientos (Is 55:8-9).*

Si Dios siempre actuara de maneras que tuvieran sentido para nosotras, entonces ciertamente no hubiera enviado a Su Hijo inocente a morir en nuestro lugar, ofreciéndonos gratuitamente Su perdón y aceptación a través de Cristo antes de que alguien siquiera lo pidiera (Ro 5:8). La cruz nos recuerda que aunque no es posible que podamos entender todos los caminos de Dios, siempre podemos encontrar paz y seguridad en los desvíos de la vida porque Él ha demostrado que en todos Sus caminos está actuando por amor.

Una perspectiva de Dios que no es según el evangelio

Cuando no logramos ver el propósito de nuestras circunstancias, fácilmente olvidamos la verdad de que hemos sido perdonadas por Dios y de que Él nos ama. Eso hace que veamos nuestras pruebas como un castigo de Dios (y el dejar de sufrir como una recompensa de parte de Dios) por algo que hayamos hecho. Eso es vivir por la ley, no por el evangelio. Si pasa algo malo, pensamos: "Seguro hice algo mal". Si pasa algo bueno, entonces debe ser porque hicimos algo bueno. Por tanto, la conclusión es que debemos trabajar más duro y ser mejores.

El evangelio nos dice algo diferente y mejor en medio del desconcierto: Dios te ama como ama a Su propio Hijo. Él no te está castigando porque tu castigo ya fue efectuado en una cruz y fue pagado por Otro. Así que ahora...

> *... sabemos que para los que aman a Dios, todas las cosas cooperan para bien, esto es, para los que son llamados conforme a Su propósito... A los que predestinó, a esos también llamó. A los que llamó, a esos también justificó. A los que justificó, a esos también glorificó (Ro 8:28, 30).*

Para aquellos que aman a Dios —ya sea que ese amor sea grande, pequeño o apenas perceptible por nuestra debilidad— Él hace que todas las cosas obren para bien. Al captar esa verdad, nos damos cuenta de que el Señor no desperdiciará ni uno solo de esos momentos de dolor y sufrimiento, por más aleatorios e inútiles que nos parezcan. Si vives por la ley serás aplastada al ver tus fracasos, o te llenarás de ira hacia Dios al ver que no eres recompensada por las cosas "buenas" que haces. Vivir el evangelio te dará estabilidad, paz, y Alguien a quien aferrarte, sin importar cuáles sean tus circunstancias.

Creer en el poder de Dios pero no en Su carácter

En medio de mis propias rabietas he dicho: "Yo sé que Dios puede, pero no creo que lo haga". No estaba cuestionando Su poder para ayudarme, pero sí Su deseo de hacerlo. Si Él puede ayudar y no lo hace, entonces es porque no me ama, ¿no?

Pero hay otra respuesta. Si Dios es suficientemente poderoso como para cambiar nuestras circunstancias y no lo hace, entonces debe ser que Él está orquestándolas por razones que no puedo ver con claridad en el momento. Algunas circunstancias nunca las vamos a entender aquí en la tierra, pero muchas veces podemos mirar hacia atrás y ver cómo Dios estuvo guiándonos fielmente.

Es un desvío

Mi esposo me ha dicho varias veces: "No es un callejón sin salida; es un desvío". Hemos tenido temporadas llenas de desvíos y confusión, y en ocasiones hemos podido mirar hacia atrás, alabando a Dios por Su fidelidad y diciendo en asombro: "Solo Dios pudo habernos guiado hasta aquí". Los caminos de Dios son más altos de lo que podemos entender, pero podemos confiar en que Él permanece fiel a Sus promesas.

Así que ¿por qué Dios permite circunstancias confusas y difíciles? Para que nos aferremos a Cristo, por la fe, y no a la falsa seguridad de nuestras circunstancias o al tonto orgullo de nuestra propia sabiduría. Y esa es la razón por la que no nos desesperamos. Dios sabe lo que está haciendo, aun cuando no lo entendamos. Dios está dirigiendo todas las cosas de acuerdo a Su plan, aun cuando nos parezca desconcertante. Y Su plan es bueno, y mejor que el nuestro.

Una de las imágenes de fe más hermosas que he visto es cuando un creyente no tiene ninguna confianza terrenal a la cual aferrarse que no sea una cruz y una tumba vacía, y aun así confía firmemente en la soberanía amorosa de Cristo. *Eso* le da gloria a Cristo. Las circunstancias que nos parecen inútiles y confusas nos dan oportunidades para confiar en Dios y proclamar Su gloria a un mundo que no entiende el propósito del sufrimiento.

Cuando nada parece tener sentido en la vida y sientes que estás siendo arrastrada por las olas, recuerda que no serás llevada a las rocas de la desesperación si estás anclada a la soberanía amorosa, la sabiduría perfecta y el carácter inmutable de Cristo. Sujétate con firmeza a la verdad del evangelio y tu ancla no va a fallar; Él te llevará hasta el puerto, no importa cuántos desvíos sean necesarios.

Reflexiona

- ¿Puedes identificarte con uno o más de estos cuatro errores que somos tentadas a cometer en circunstancias desconcertantes?
- ¿A dónde acudes cuando las circunstancias no tienen sentido y parecen no cuadrar con la forma en que crees que Dios actuaría?
- ¿Puedes pensar en algún área de tu vida en la que Dios te esté pidiendo que descanses, que esperes y que confíes en Él, a pesar de la dificultad de las circunstancias?

Ora

Señor Jesús, Tú eres digno de confianza en todas las áreas de la vida, incluso cuando estoy perpleja por mis circunstancias. Ayúdame a confiar en Ti y no en lo que puedo ver o entender. Perdona el orgullo de mi corazón que me lleva a confiar en mis propios caminos y a dudar de los Tuyos. Aumenta mi fe y usa mis pruebas para aumentar mi amor por Ti y por Tus caminos inescrutables. Amén.

Textos para meditar: Salmo 37:5; Salmo 118:8; Proverbios 3:5

Diario

CAPÍTULO SIETE

Los desvíos de la vida

""... perplejos, pero no desesperados..."

2 CORINTIOS 4:8

No tengo una capacidad natural para adaptarme a los cambios.

Un cambio de planes me hace sudar. Me siento más relajada y me divierto más cuando las personas me dicen qué esperar de las actividades (y si las puedo planear yo misma, mejor todavía). Mi esposo entiende que una de sus responsabilidades primarias en nuestro matrimonio es ayudarme a estar más relajada, ¡y lo ha ido logrando! Estoy aprendiendo a adaptarme a los cambios.

Pero ¿y si el cambio de planes altera toda nuestra vida, sacudiendo los fundamentos sobre los cuales hemos venido construyendo nuestros sueños? Eso es mucho más difícil de asimilar. Mi suposición es que tú, al igual que yo, luchas con los grandes desvíos que confunden y deshacen los ideales que habíamos construido.

La pérdida de un hijo. Una enfermedad grave. La disolución repentina de una amistad. La destrucción de propiedades por causa de una tormenta violenta. El desgaste de nuestros cuerpos. La lista podría seguir y seguir.

Los desvíos de la vida vienen en muchas formas y tamaños diferentes, pero todos ellos tienen algo en común: No los veíamos venir. Nos toman desprevenidas, dejándonos frustradas, desorientadas, incluso destruidas. Nos preguntamos por qué las cosas tuvieron que ser así, precisamente ahora. Tarde o temprano le hacemos esas preguntas a Dios.

De pie en la orilla

El pueblo de Dios en el Antiguo Testamento no era ajeno a los desvíos inesperados e inexplicables. Dios los llamó a salir de la esclavitud en Egipto con muy pocas instrucciones. Es suficientemente duro que Dios te mande a empacar y salir de la tierra que has llamado hogar por siglos (aunque supongo que estarían agradecidos de poder dejar atrás el maltrato de la esclavitud). Pero debe ser aún más difícil que Dios te mande a viajar por una ruta que parece absurda:

> *Cuando Faraón dejó ir al pueblo, Dios no los guió por el camino de la tierra de los filisteos, aunque estaba cerca, porque dijo Dios: "No sea que el pueblo se arrepienta cuando vea guerra y se vuelva a Egipto". Dios, pues, hizo que el pueblo diera un rodeo por el camino del desierto, hacia el Mar Rojo. En orden de batalla subieron los israelitas de la tierra de Egipto. (...) El Señor iba delante de ellos, de día en una columna de nube para guiarlos por el camino, y de noche en una columna de fuego para alumbrarlos, a fin de que anduvieran de día y de noche (Éx 13:17-18, 21).*

Entonces Dios habla con Su sabiduría inescrutable:

> *Pero Yo endureceré el corazón de Faraón, y él los perseguirá. Y seré glorificado por medio de Faraón y de todo su ejército, y sabrán los egipcios que Yo soy el Señor (14:4).*

Y entonces,

> *Al acercarse Faraón, los israelitas alzaron los ojos, y vieron que los egipcios marchaban tras ellos. Entonces los israelitas tuvieron mucho miedo y clamaron al Señor. (...) Pero Moisés dijo al pueblo: "No teman; estén firmes y vean la salvación que el Señor hará hoy por ustedes. Porque los egipcios a quienes han visto hoy, no los volverán a ver jamás. El Señor peleará por ustedes mientras ustedes se quedan callados". (...) Los israelitas entraron por en medio del mar, en seco, y las aguas les eran como un muro a su derecha y a su izquierda. Entonces los egipcios reanudaron la persecución, y entraron tras ellos en medio del mar todos los caballos de Faraón, sus carros y sus jinetes. (...) Aquel*

día el Señor salvó a Israel de mano de los egipcios. Israel vio a los egipcios muertos a la orilla del mar. Cuando Israel vio el gran poder que el Señor había usado contra los egipcios, el pueblo temió (reverenció) al Señor, y creyeron en el Señor y en Moisés, Su siervo (14:10, 13-14, 22-23, 30-31).

Luego, de pie en la playa, el pueblo adoró al Dios que los había guiado en ese desvío:

En Tu misericordia has guiado al pueblo que has redimido;
Con Tu poder los has guiado a Tu santa morada (15:13).

Dios llevó a los israelitas a una aventura que los dejó perplejos: "Dios no los guió por el camino de la tierra de los filisteos, aunque estaba cerca". Puedes imaginarte al pueblo pensando: *¿No sería más fácil tomar la ruta directa?* No creo que podamos entender plenamente su terror y desesperanza al estar de pie de espaldas al mar y viendo al ejercito egipcio arremetiendo contra ellos. El desvío que Dios les había dado los había atrapado —pero ese desvío no fue un error. Fue una experiencia de aprendizaje para ellos y para nosotras.

Creo que en este relato Dios nos da varias razones para confiar en Él en medio de los desvíos que alteran nuestra vida y nos dejan perplejas.

Los caminos de Dios y tu sabiduría

Puede que la forma en que Dios te esté guiando no tenga mucho sentido para ti, pero Su sabiduría es infinitamente mayor a la tuya. La Biblia nos dice muy claramente las razones por las que Dios escogió este desvío para los israelitas: "No sea que el pueblo se arrepienta cuando vea guerra y se vuelva a Egipto". Dios sabía algo sobre Su pueblo que ni ellos podían percibir sobre sí mismos.

¿Y no es cierto que este suele ser nuestro caso? Dios es nuestro buen Creador. Él nos hizo y percibe nuestros pensamientos desde lejos. Antes de que haya una palabra en nuestra boca, el Señor ya la conoce. No hay nada oculto para Él.

Por otro lado, nuestro entendimiento es limitado. No podemos saber lo que es mejor para nosotras porque no somos el Creador, sino una pequeña parte de Su creación.

En realidad hay un consuelo profundo en esa verdad humillante, porque nos dice que hay Uno que ve y sabe todo acerca de nosotras. Al enfrentarte con cambios confusos e incluso dolorosos, puedes estar segura de que no hay nada que deje perplejo a Dios, que todo cambio tiene sentido para Él, y que Él puede ver tanto el principio como el final.

El poder de un desvío orquestado por Dios

Los israelitas "tuvieron mucho miedo" cuando vieron a los egipcios acercándose. Vuelve a imaginar la escena. El pueblo de Dios piensa que por fin ha sido liberado de la pesadilla de la esclavitud, solo para encontrarse a Faraón marchando detrás de ellos con fuertes deseos de venganza. Poniéndome a mí misma en su lugar, puedo imaginar cómo fluirían la adrenalina y la sangre por mis venas al ver mi futuro de libertad desvaneciendo ante mis ojos.

Cuando te sientes abrumada por las circunstancias, ¿cuán rápido sucumbes al miedo? En mi caso es muy rápido, casi instantáneo. Mi fe débil no tarda mucho en dudar de Dios, y así de rápido se activa mi complejo de autosuficiencia.

Pero cuando Dios abrió las aguas para que Su pueblo pudiera cruzar el Mar Rojo de manera segura, *el pueblo temió (reverenció) al Señor, y creyeron en el Señor*. Dios despliega Su poder infinito y el miedo de los israelitas es transformado. Ya no le tenían miedo a sus enemigos o a las circunstancias, sino a Dios, el dueño de los mares y el vengador de sus adversarios. Cuando los desvíos de Dios nos enseñan a dejar de confiar en nosotras mismas y en lo que podemos ver, y comenzamos a temer al Señor y a poner nuestra mirada en Él, entonces son desvíos de bendición.

Me fascinan estas palabras de Dietrich Bonhoeffer, el pastor y teólogo alemán que fue asesinado por los nazis en 1945: "Aquellos que aún le temen a los hombres no tienen temor de Dios, y aquellos que tienen temor de Dios han dejado de temerle a los hombres" (*El costo del discipulado*, 218). Dios despliega Su poder perfecto a través de desvíos que trastornan nuestros planes para que podamos temerle y aprender a confiar en Él.

Conociendo a Dios a través de un desvío

"En Tu misericordia has guiado al pueblo que has redimido; con Tu poder los has guiado a Tu santa morada". Este versículo contiene una hermosa verdad acerca de quién es Dios. Si no hubiera ocurrido ese desvío inesperado que dejó perplejos a los israelitas, no hubieran conocido a Dios de esa manera, y no hubieran cantado esa canción.

Dios demuestra que Su misericordia no está atada a nuestro entendimiento de Sus caminos. Nos revela que llevarnos a Su hogar para estar con Él no depende de nuestra habilidad de confiar en Él, sino de Sus planes soberanos. Él proclama que Su poder se perfecciona en nuestra debilidad, y que Su guía a través de los mares tempestuosos no depende de nuestra capacidad para soportar las olas.

¿Cómo podríamos descansar en nuestra Roca eterna si Él no orquesta situaciones difíciles en nuestras vidas? ¿Cómo podríamos aferrarnos a nuestro buen Pastor sin que Él nos lleve por pastos complicados y desconcertantes? ¿Cómo podríamos refugiarnos en nuestra Torre fuerte si Él no sacude nuestros cimientos?

Los desvíos de Dios te llevan a casa

Estarás en la "santa morada" de Dios cuando le adores cara a cara en gloria. ¡Qué maravilloso es pensar que podrías hacerlo al lado de uno de los que atravesaron el Mar Rojo!

> *Por tanto, puesto que tenemos en derredor nuestro tan gran nube de testigos, despojémonos también de todo peso y del pecado que tan fácilmente nos envuelve, y corramos con paciencia (perseverancia) la carrera que tenemos por delante, puestos los ojos en Jesús, el autor y consumador de la fe, quien por el gozo puesto delante de Él soportó la cruz, despreciando la vergüenza, y se ha sentado a la diestra del trono de Dios (Heb 12:1-2).*

Los creyentes que atravesaron el Mar Rojo nos están animando mientras enfrentamos nuestros propios desvíos "con paciencia". Podrás correr la carrera que tienes por delante si pones tus ojos en Jesús en vez de ponerlos en la ruta.

Un día verás por qué esa carrera que tenías por delante requería esa ruta. Hoy solo necesitas recordar que Jesús sabe más que tú, te ama más de lo que piensas, te llama a que le temas y confíes en Él... y que aquellas cosas que te parecen desvíos en realidad son parte del camino a casa.

Reflexiona

- Piensa en algún área particular de tu vida que te deje perpleja. ¿Cómo te ayuda la verdad de que Dios es infinitamente sabio a estar en paz aunque te sientas confundida? Escribe una oración rindiendo tu confusión ante Su sabiduría.
- Pide a Dios que te ayude a identificar cualquier área en la que estés siendo tentada a tomar el control. Pídele que reine sobre tus circunstancias con Su poder, y que te ayude a dejar de tratar de controlar.
- Reflexiona sobre algunos eventos confusos en tu vida que Dios te haya aclarado con el tiempo. Alábalo por Su fidelidad, y entrégale tu confusión actual confiando en esa fidelidad.

Ora

Dios poderoso y sabio, Tus caminos son infinitamente más altos que los míos, y Tus pensamientos más altos que mis pensamientos. Me asombra Tu perfecta sabiduría, aun cuando Tus planes me dejen perpleja. Confieso que me cuesta confiar en Ti cuando la vida no va como yo quiero; me molesto y me decepciono porque quiero tener el control sobre mi vida. Te alabo porque todos Tus caminos son justos y buenos. Te ruego que uses mis desvíos para enseñarme lo que Israel aprendió en el Mar Rojo, y que me capacites para conocerte más, temerte más y confiar más en Ti. Enséñame sobre Tu carácter, arráigame más profundamente en Cristo y despliega Tu gloria a través de los desvíos de mi vida. Amén.

Textos para meditar: Isaías 55:6-9; Salmo 46

Diario

CAPÍTULO OCHO

El silencio de Dios en nuestras tormentas

""... perplejos, pero no desesperados..."

2 CORINTIOS 4:8

Había pasado como una hora. Estaba parada allí, tratando de mantener la puerta de la habitación de mi hijo cerrada mientras él sufría un ataque de ira. Su trastorno neurológico, que aún desconocíamos en ese momento, ya llevaba años dominando nuestras vidas. Mi pequeño hijo de siete años, que a veces era dulce, divertido y determinado, estaba experimentando una batalla interna que afectaba toda nuestra vida familiar.

Así que ahí estaba yo, luchando contra su sorprendente fuerza mientras trataba de abrir la puerta. No importa lo que tuviera en mi agenda para esa hora, tenía que dejarlo a un lado. Mi único enfoque en ese momento era la seguridad de mi familia, pues esa enfermedad convertía a mi hijo en otra persona. Pensaba: *¿Cuánto va a durar esta vez? ¿Una hora... dos?* Lo único que podía hacer era tratar de contener mis lágrimas, orar y... esperar.

En los días en que me siento abrumada por tener que lidiar con las necesidades especiales de mi hijo, tratar de cuidar a mis otros tres hijos y luchar con mi propia salud, clamo al Señor diciéndole: "¿Dónde estás en todo este dolor? No sé si voy a poder soportar más".

¿Por qué hay ocasiones en las que parece que Dios está en silencio en medio de las tormentas que amenazan con destruir nuestras vidas? Si estás leyendo esto, es posible que sea porque tu vida no está yendo como la habías planeado. Así que, al igual que yo, puede que ya hayas preguntado, o tal vez hasta gritado: "Jesús, ¿dónde estás en esta tormenta? ¡¿Acaso no te importa?!".

Al batallar contra mis propias emociones y mi desconcierto por lo que Dios estaba permitiendo tanto en la vida de mi hijo como en la vida de mi familia, el Espíritu Santo me guió a un pasaje familiar en Mateo:

> *Cuando entró Jesús en la barca, Sus discípulos lo siguieron. Y de pronto se desató una gran tormenta en el mar de Galilea, de modo que las olas cubrían la barca; pero Jesús estaba dormido. Llegándose a Él, lo despertaron, diciendo: "¡Señor, sálvanos, que perecemos!". Y Él les contestó: "¿Por qué tienen miedo, hombres de poca fe?". Entonces Jesús se levantó, reprendió a los vientos y al mar, y sobrevino una gran calma. Los hombres se maravillaron, y decían: "¿Quién es este, que aun los vientos y el mar lo obedecen?"* (Mt 8:23-27).

Me puedo identificar con ellos. Por supuesto, nunca he estado en una barca con Jesús. Pero sí se qué se siente pensar que Él ha estado durmiendo mientras las tormentas rugen a mi alrededor. Y es en esos momentos que más nos cuesta ver y pensar con claridad, cuando nuestras emociones empañan la lente de la verdad. Después de todo, cuando estamos en medio de la tormenta es que más se nos dificulta pensar coherentemente y responder sabiamente. Así que es maravilloso que aquí tengamos el privilegio de ver esta tormenta real desde una perspectiva externa. Podemos ver toda la escena y beneficiarnos de las lecciones que aprendieron los discípulos, en vez de escuchar nuestras propias emociones, excusar nuestras reacciones y posiblemente llegar a conclusiones erradas.

Entonces, ¿qué aprendieron los discípulos cuando llegaron al otro lado del mar? ¿Qué deberíamos aprender nosotras?

Guiadas hacia la tormenta

A veces Jesús nos lleva a lugares que implican una lucha profunda, pero nos guía a esos lugares para revelarnos que Su poder es mayor que cualquier tormenta que pueda aparecer. Aunque no deseemos estar en la tormenta, o hasta nos dé miedo estar ahí, podemos confiar en que Dios no nos guiará hacia ningún lugar que al final no sirva para despertar o reavivar nuestra fe. De hecho, esas mismas tormentas que

Él nos permite vivir son evidencia de Su gracia y amor hacia nosotras, pues nos llevan a una mayor dependencia de Él.

Siguiéndolo hasta la tormenta

Si hemos decidido seguir a Cristo, debemos entender que seguirlo a Él incluirá tormentas y sufrimiento. Jesús dijo:

> *Si alguien quiere seguirme, niéguese a sí mismo, tome su cruz cada día y sígame. Porque el que quiera salvar su vida, la perderá, pero el que pierda su vida por causa de Mí, ese la salvará (Lc 9:23-24).*

Si seguimos a Cristo, no tenemos otra opción. O lo seguimos o no. No podemos escoger bendición sin sufrimiento, pues el sufrimiento parece ser uno de los lugares donde se encuentran las mayores bendiciones, así como la bendición de nuestra salvación es el producto del horrible sufrimiento de Cristo en la cruz. A veces la obediencia conduce al sufrimiento —y, aunque es bueno y correcto tratar de aliviar nuestro sufrimiento en maneras que honren a Dios, debemos tener cuidado de no empeñarnos tanto en ello que no veamos lo que Dios está tratando de hacer a través de él.

Durmiendo en la tormenta

¿A veces te da la impresión de que Dios está durmiendo en medio de tu tormenta? A mí sí. Pero eso no lo hace menos Dios y tampoco implica que está menos presente. Aunque Jesús dormía como hombre, Él seguía siendo el Dios que está en total control de todo. Él se acostó a dormir para cumplir Sus propósitos de aumentar la fe de Sus discípulos, no para abandonarlos. Si Dios parece guardar silencio en medio de tus muchas súplicas, ten confianza en que Él está presente y está obrando fielmente para cumplir Sus propósitos en nuestros corazones y nuestras circunstancias. Su silencio nunca comunica falta de amor o atención.

No remes con más intensidad… clama

Cuando nos llegan los problemas, solemos tratar de arreglarlos en nuestras propias fuerzas y con nuestro entendimiento limitado, en vez de clamar a Aquel que es todopoderoso y que sabe todas las cosas. Entonces, cuando nuestros esfuerzos fracasan o cuando nuestras circunstancias no cambian de acuerdo a lo que habíamos planeado, nos frustramos y nos ponemos ansiosas en vez de confiar en que Jesús hará lo que es mejor para nosotras en Su tiempo perfecto.

A veces simplemente tenemos que dejar de remar y comenzar a clamar. Los problemas que no podemos solucionar son oportunidades para reconocer la verdad —no podemos vivir la vida por nosotras mismas, y mucho menos afrontar la muerte por nosotras mismas. Escoge más bien clamar a Él, preguntándole lo que quieras y luego confiando y esperando en Él. Aprende a esperar en Él por fe en lugar de confiar en tus propios esfuerzos.

Jesús preguntó: "¿Por qué tienen miedo, hombres de poca fe?".

Los discípulos tenían miedo porque su fe estaba basada en lo que podían ver y entender, en vez de estar basada en la verdad de que Jesús es Dios. En momentos así no puedo vislumbrar el fin de mi sufrimiento. Nadie puede ni debería prometerme que todo va a estar bien y que Dios va a sanar a nuestro hijo y a nuestra familia, o que va a aliviar nuestro dolor. Sin embargo, Dios nos dice que no temamos, incluso cuando no veamos ninguna esperanza en nuestras circunstancias inmediatas. ¿Por qué? Porque Él es Dios, e incluso los vientos y los mares le obedecen. Y solo permitirá que la tormenta ruja hasta donde Él sabe que es necesario para nuestro bien y para que Su gloria sea revelada. No sé cómo Dios me va a ayudar, ni cuándo calmará la tormenta. Pero sé que Él está obrando y que sabe qué es lo mejor. No tengo necesidad de temer. Ni tú tampoco.

Jesús calma las tormentas

Jesús actuó a pesar de la "poca fe" de Sus seguidores. Calmó la tormenta y salvó sus vidas, pero no lo hizo hasta que ellos vieran su falta y necesidad de un Salvador. ¿Será que tratamos de hacer todo lo correcto pensando que Dios va a ver nuestros esfuerzos y por eso calmará nuestra tormenta? ¿Será que nos empeñamos en demostrar que somos "fuertes" y que estamos en control de nuestras vidas? ¿O admitimos humildemente nuestra dependencia de Cristo y clamamos a Él para que nos rescate porque somos incapaces de salvarnos a nosotras mismas?

Las pruebas pueden dejarnos desconcertadas, pero no deben dejarnos sin esperanza. ¿Por qué? Porque al reconocer y aceptar nuestra propia incapacidad para entender todos los propósitos inescrutables de Dios, aprendemos a esperar, descansar y depender de Su poder y Sus promesas. Y aprendemos a mirar hacia adelante al día en que Él dirá a nuestras tormentas: "Basta, cálmense". Puede que no sea tan rápido como quisiéramos, y puede que no sea sino hasta el día en que lo veamos cara a cara, pero aun así, Él lo hará. Así que por más desconcertadas que estemos en medio de la tormenta, no tenemos que desesperarnos porque sabemos que la tormenta llegará a su fin.

Un día, ya sea en esta vida o en la eternidad venidera, el dolor, el miedo y el cansancio por mi hijo terminarán. A Su tiempo (no al mío), Cristo calmará las tormentas que están rugiendo a mi alrededor. No sé cómo será el resto de mi historia ni lo que le espera a mi hijo y a nuestra familia en el futuro, pero estoy segura de que Cristo me acompañará en la tormenta hasta el día en que Él diga a las olas: "Basta".

Así que cualquiera que sea la tormenta que estés enfrentando... ¡aférrate a Él! ¡Clama a Él! Y luego espera, observa y aguarda. Mientras más grande sea la tormenta, más grande será tu oportunidad de confiar en Jesús y más grande será el gozo y el asombro que experimentarás cuando veas Su gloria y Su poder.

Reflexiona

- ¿Has experimentado alguna prueba durante la cual Dios parece estar en silencio, dejándote desconcertada en cuanto a Sus propósitos? ¿Esa situación te llevó a remar con más intensidad o a depender más del Señor? ¿Por qué piensas que reaccionaste de esa manera?
- Si estás en medio de una tormenta ahora mismo ¿qué aprendiste después de ver al Señor y a Sus discípulos en su propia tormenta? ¿Cómo puede esto animarte y cambiar tu reacción?
- ¿Cómo te hace sentir el saber que si confías en Él, un día Cristo va a decir: "Basta, cálmense"?

Ora

Señor Jesús, a veces el dolor, la angustia y el desánimo son tan fuertes que me cuesta mantener mis ojos puestos en Ti. Oh Señor, no puedo y no quiero enfrentar esta vida sin Ti, pero a veces siento como si estuvieras en silencio en medio de mis tormentas. Gracias porque aunque esté desconcertada por las circunstancias de mi vida, Tú sigues estando presente, sigues en control y sigues siendo Dios. Ayúdame a resistir la tentación de confiar en mí misma; dame una mayor dependencia de Ti y un mayor gozo al pensar en aquel día en el que calmarás mis tormentas. Ayúdame a aferrarme a esa verdad a medida que trato de confiar más en Ti en medio de las tormentas de mi vida. Amén.

Textos para meditar: Salmo 37:3-5; 91:4; Hebreos 10:23; Hebreos 11:1

Diario

CAPÍTULO NUEVE

La persecución no debe sorprendernos

""... perseguidos, pero no abandonados..."

2 CORINTIOS 4:9

Durante los últimos siglos, la persecución de los cristianos ha sido un concepto distante para nosotros en Occidente. Hemos sido protegidos de la mayoría de las atrocidades y terrores que enfrentan muchos creyentes alrededor del mundo. Para muchos hoy, al igual que para Pablo en sus días, escoger a Cristo no es meramente un sacrificio de deseos y sueños mundanos; es más bien una elección que pone en riesgo tu sustento, a tus seres queridos y tu propia vida.

Pero la persecución está cada vez más cerca para los que nunca hemos tenido que escoger entre Cristo y nuestra comodidad. Aunque no se parece a la persecución que hay en Siria, Afganistán, al norte de Nigeria y en muchas otras partes del mundo, la persecución de los cristianos en Occidente es real y está aumentando. Cuando pensamos en las pruebas y hablamos sobre el sufrimiento, nunca debemos hacerlo sin considerar ese sufrimiento que viene solo por pertenecer a Cristo.

Y la mayoría de nosotras no estamos preparadas para eso, así que tendemos a verlo como un desastre que debe ser evitado a toda costa. Necesitamos ver el sufrimiento cristiano desde una perspectiva cristiana, y aquí Pablo nos muestra cómo debemos ver la persecución, para que cuando venga podamos enfrentarla con firmeza y paciencia. Su mensaje es simple: podemos ser perseguidas, pero no podemos ser abandonadas. Cualquiera que sea el nivel de persecución que enfrentemos —ya sea la pérdida de un amigo, de un ascenso, de nuestro hogar o incluso de nuestra vida — necesitamos entender esta perspectiva y permanecer confiadas en el Señor.

Perseguidos, pero nunca abandonados. Esa es la promesa que Santiago explica detalladamente al escribirle a creyentes que están sufriendo por ser creyentes. Necesitamos escuchar lo que les dice.

Prosperidad a la luz de la eternidad

> *¡Oigan ahora, ricos! Lloren y aúllen por las miserias que vienen sobre ustedes. (...) Es en los últimos días que han acumulado tesoros. Miren, el jornal de los obreros que han segado sus campos y que ha sido retenido por ustedes, clama contra ustedes. El clamor de los segadores ha llegado a los oídos del Señor de los ejércitos (de Sabaot). Han vivido lujosamente sobre la tierra, y han llevado una vida de placer desenfrenado. Han engordado (nutrido) sus corazones en el día de la matanza. Han condenado y dado muerte al justo. Él no les hace resistencia. (...) Hermanos, no se quejen unos contra otros, para que no sean juzgados. Ya el Juez está a las puertas (Stg 5:1, 3b-6, 9).*

Los cristianos a quienes Santiago escribía no solo estaban siendo oprimidos y despojados de sus posesiones, sino que además veían a los ricos prosperando en medio de su maldad, sus lujos y su autogratificación.

¿No nos sucede lo mismo hoy en día? Muchas veces el perseguidor —el ofensor y el explotador— parece estar prosperando en todo, incluso a expensas del creyente. Pero no te dejes engañar olvidando el futuro. Santiago habla directamente a los perseguidores: "Han vivido lujosamente sobre la tierra, y han llevado una vida de placer desenfrenado. Han engordado (nutrido) sus corazones en el día de la matanza" (v 5). Estos perseguidores se habían entregado al placer, ignoraban el día del juicio. La única recompensa que recibirán los perseguidores es la condenación eterna.

Tratar de prosperar y protegernos a corto plazo nunca vale el precio de nuestra vida eterna —siempre debemos considerar el presente a la luz del futuro. El juicio viene, así que invierte en aquello que permanece y aférrate a Cristo.

Persecución a la luz de la eternidad

Por tanto, hermanos, sean pacientes hasta la venida del Señor. Miren cómo el labrador espera el fruto precioso de la tierra, siendo paciente en ello hasta que recibe la lluvia temprana y la tardía. Sean también ustedes pacientes. Fortalezcan sus corazones, porque la venida del Señor está cerca (Stg 5:7-8).

Así como el granjero espera por el valioso fruto de la tierra, nosotros esperamos el glorioso regreso de Jesucristo. Nosotras no sufrimos persecución como aquellos que no tienen esperanza —podemos perseverar con paciencia, confiando en que llegará el día en que el Señor regresará en toda Su gloria para rescatar a Sus hijos. Puede que seamos perseguidas, pero nunca seremos abandonadas. El juicio y la salvación están cerca y la persecución no puede prevenir ninguna de estas dos realidades, no importa cuán difícil nos parezca o cómo nos sintamos —de hecho, hace que ambas cosas sean más preciosas para nosotras. No tomes venganza. El juicio y la salvación se están acercando.

La bendición y la persecución no son opuestas

Hermanos, tomen como ejemplo de paciencia y aflicción a los profetas que hablaron en el nombre del Señor. Miren que tenemos por bienaventurados a los que sufrieron (perseveraron). Han oído de la paciencia (firmeza) de Job, y han visto el resultado del proceder del Señor, que el Señor es muy compasivo y misericordioso (Stg 5:10-11).

Mis últimos dos años de colegio fueron tiempos de dolor, ira y confusión. Había sido una atleta toda mi vida y esperaba conseguir una beca para la universidad jugando baloncesto. También quería tener la experiencia de un viaje misionero fuera de mi país, así que me comprometí a ir a uno. Y luego descubrí que coincidía con el torneo estatal de baloncesto.

Decidí escoger el viaje misionero, y fue maravilloso. Pero el siguiente año pagué un precio muy alto por esa decisión. No solo había renunciado al prestigio de ganar el título estatal, sino que además mi entrenador de baloncesto se volvió contra mí. Se rehusaba a dejarme jugar, me ofendía verbalmente tanto en la cancha de baloncesto como en privado, y dejó muy claro que estaba furioso conmigo por haber escogido el viaje misionero antes que el baloncesto. Me costó la beca.

Por un tiempo no podía dejar de preguntarme: "¿Valió la pena dejar el torneo y la beca? ¿Vale la pena soportar esta persecución?".

Sin embargo, al reflexionar sobre esa experiencia, ese precio de seguir a Cristo que parecía tan alto en ese entonces fue en realidad una bendición. Descubrí más del valor de Cristo y del gozo que da seguirle con todo el corazón. Había asumido que la persecución no podría traer bendición, sino que solo me la robaría. Descubrí que en realidad no son opuestas, sino compañeras.

Por supuesto, mi persecución es casi vergonzosamente inferior a la persecución que experimentan muchos cristianos en otras partes del mundo. Pero creo que el ejemplo es válido, porque lo veo en Santiago y en mi cancha de baloncesto.

Los profetas fueron personas muy bendecidas. Dios les hablaba y ellos hablaban de parte de Dios. Siguen siendo conocidos al día de hoy. Pudieron ver destellos de la venida de Cristo siglos antes de que ocurriera. Y aun así los profetas fueron grandemente perseguidos. Fueron ricamente bendecidos y serán recompensados eternamente porque tenían una comunión cercana e íntima con el Señor a pesar del dolor, la tristeza y la persecución. Su confianza no podía ser conmovida porque su recompensa era eterna.

Si creemos que el sufrimiento y la bendición no pueden coexistir, entonces siempre estaremos buscando placeres superficiales y comodidad, y vamos a perdernos la profunda bendición de caminar cerca de Cristo en el sufrimiento.

Perspectiva y oración

¿Sufre alguien entre ustedes? Que haga oración (Stg 5:13).

El pastor y teólogo John MacArthur escribe:

> *El antídoto para el sufrimiento causado por maltrato o persecución es buscar el consuelo de Dios por medio de la oración (James: Guidelines for a Happy Life [Santiago: Directrices para una vida feliz], 94).*

Por tanto, ¿estás afligida? ¡Ora! ¿Estás experimentando persecución en tu trabajo, familia o ministerio? ¡Ora! ¿Está todo marchando bien en este momento y te da miedo perder tu comodidad? ¡Ora! Necesitamos acercarnos al Señor en oración en las buenas y en las malas. Eso no solo nos dará a una mayor intimidad con Cristo, sino que además traerá el consuelo que necesitamos para enfrentar el temor y el dolor del sufrimiento y la persecución.

Manos llenas de tesoros

Betty Scott Stam siguió el llamado de Cristo al inicio del siglo veinte para ir de misionera a la China, y se casó poco después de llegar allá. Solo unos meses después de dar a luz a su única hija, ella y su esposo fueron arrestados por soldados comunistas. Betty, sabiendo que iba directo hacia la muerte, escondió a su hija antes de su arresto, y unos amigos cristianos luego la encontraron y cuidaron de ella. Al día siguiente, Betty y su esposo fueron decapitados.

Betty renunció a su hogar, a su seguridad terrenal y a su comodidad. Perdió la oportunidad de envejecer con su esposo, de criar a su única hija y de experimentar muchas otras oportunidades en esta vida. Desde afuera pareciera que su vida fue desperdiciada, que sus decisiones no fueron muy sabias y que su Dios estaba lejos. Pero esa no era la perspectiva de Betty. Esto es lo que ella oraba y decía:

> *Señor, renuncio a todos mis propósitos y planes, todos mis deseos, esperanzas y ambiciones, y acepto Tu voluntad para mi vida. Te entrego mi vida y todo lo que soy, para ser Tuya por siempre. Dejo en Tus manos todas mis amistades; todas las personas que amo tienen un segundo lugar en mi corazón. Lléname y séllame con Tu Espíritu Santo. Lleva a cabo toda Tu voluntad en mi vida, a cualquier precio, ahora y para siempre.*
>
> *Cuando nos consagramos para Dios, creemos que estamos haciendo un gran sacrificio y haciendo mucho para Él, cuando en realidad estamos dejando algo tan pequeño, simples baratijas que hemos acumulado; y cuando nuestras manos están vacías, Él las llena completamente con Sus tesoros" (Sra. Howard Taylor, The Triumph of John and Betty Stam [El Triunfo de John y Betty Stam], 35).*

Ella fue perseguida, pero sabía que no había sido abandonada. Y nosotras tampoco. Debido a que tenemos a Cristo, nuestras manos están llenas de tesoros, y lo seguirán estando por toda la eternidad.

Reflexiona

- ¿Qué piensas realmente sobre la persecución por ser cristiana? ¿Hasta qué punto está esa perspectiva moldeada por tu cultura, tu crianza, tu experiencia de vida hasta ahora y tu lectura constante de la Palabra de Dios?
- ¿Has experimentado o visto en la vida de otro cómo la persecución y la bendición pueden ir de la mano? ¿Cómo afecta eso tu perspectiva del sufrimiento por seguir a Cristo?
- ¿Amas más la comodidad o a Cristo? ¿Cómo se manifiesta esto en tu vida?

Ora

Padre celestial, mi corazón se entristece por hermanos y hermanas en todo el mundo que están siendo perseguidos y asesinados por proclamar su fe en Ti. Ayúdales a recordar el futuro, y que la salvación y el juicio están por venir. Capacítales para que puedan enfrentar las pruebas con fe en Ti y amor por sus opresores. Te pido que me des la voluntad para sufrir por Cristo en vez de adorar la comodidad. En medio de cualquier sufrimiento o dificultad, dame la valentía para permanecer firme en Cristo, aunque me cueste. Amén.

Textos para meditar: 2 Corintios 12:10; Romanos 8:35-36; 2 Tesalonicenses 1:4

Diario

CAPÍTULO DIEZ

La oportunidad de tu sufrimiento

""... perseguidos, pero no abandonados..."

2 CORINTIOS 4:9

Piensa en alguien que conozcas bien y que no sea cristiano. Cuando esa persona te ve sufrir, ¿qué ve? ¿Qué te oye decir? ¿Qué le estás comunicando sobre la esperanza que tienes?

El sufrimiento puede distraernos. Tiene el potencial para amargar el espíritu, endurecer el corazón y paralizar la voluntad. El sufrimiento nos lleva a enfocarnos en nosotras mismas y suele impedir que veamos las oportunidades que Dios nos está dando para amar a otros y compartir el evangelio con ellos. A veces somos tentadas a dejar de proclamar el evangelio porque nos sentimos derrotadas por nuestro pecado, exhaustas por el dolor físico o gastadas emocionalmente de tanto tratar de reconciliar relaciones rotas. El sufrimiento parece requerir toda nuestra atención y esfuerzo, nos drena por completo. Sentimos que no tenemos nada más que dar. Solo queremos sobrevivir, y eso ya es un gran desafío.

Recuerda que somos vasos de barro (v 7). Esas grietas tienen un propósito: hacer que resplandezca la gran luz del evangelio, que es nuestro tesoro, aun en el sufrimiento. *Especialmente* en esos momentos. Es la luz de esta maravillosa verdad lo que debemos desplegar y proclamar a través de nuestras "grietas" particulares, ¡y qué gran oportunidad tenemos!

Estando encadenado en una prisión romana, Pablo escribió una carta a los cristianos en Colosas. Esto es parte de lo que dijo al finalizar su carta:

Perseveren en la oración, velando en ella con acción de gracias. Oren al mismo tiempo también por nosotros, para que Dios nos abra una puerta para la palabra, a fin de dar a conocer el misterio de Cristo (el Mesías), por el cual también he sido encarcelado, para manifestarlo como debo hacerlo. Anden sabiamente para con los de afuera, aprovechando bien el tiempo. Que su conversación sea siempre con gracia, sazonada como con sal, para que sepan cómo deben responder a cada persona (Col 4:2-6).

Nota dónde está Pablo al escribir sobre proclamar el evangelio —en prisión. Está sufriendo, pero en lugar de estar derrotado, parecía estar cada vez más fortalecido. ¡Las cadenas físicas de Pablo le dieron la valentía para seguir proclamando la verdad de que le habían quitado las cadenas espirituales y lo habían liberado! Más aún, Pablo le pide a la iglesia de Colosas que ore para que su equipo pueda desplegar la luz de Cristo a través de las "grietas" de sus prisiones, las cuales recibieron precisamente por ser fieles predicadores del evangelio.

En prisión, pero fortalecido. En prisión, pero proclamando la verdad. En prisión, pero perseverando en la oración. Perseguidos, pero no abandonados —y por eso, dando testimonio. Este hombre no está amargado, paralizado ni endurecido. No está distraído. No, este siervo de Cristo sabía que sus "grietas" y sus persecuciones eran oportunidades para proclamar el evangelio, no obstáculos que podía evadir. A la luz de Cristo, el sufrimiento es un ministerio, no una piedra de molino. Es un regalo, no un fallo en el plan.

¿Puedes ver el sufrimiento como una oportunidad única para proclamar claramente el misterio de Cristo a los no creyentes? Ya sean perseguidores que te odian o personas de afuera que tienen curiosidad sobre Cristo, estas personas necesitan la esperanza que tú tienes. Vuelve a pensar en la persona que visualizaste antes. Esa persona y muchas más son una parte muy importante del ministerio de sufrimiento que Dios te ha encomendado. Ellos te están observando, y te están escuchando. ¿Qué ven? ¿Qué oyen?

Nos están observando

"Anden sabiamente para con los de afuera, aprovechando bien el tiempo". ¿Cómo puede un cristiano que sufre andar sabiamente para con los de afuera? ¿Qué oportunidades únicas nos da el sufrimiento?

Los no creyentes están viendo cómo sufrimos. Están observando cómo manejamos la porción que Dios nos ha asignado. Están respondiendo las preguntas básicas de la esperanza: "¿Cómo puede esta persona perseverar? ¿Qué tanto le sirve su fe a la hora de enfrentar la presión de un giro inesperado? ¿Su gozo permanece en el sufrimiento?".

Cuando la vida va bien, es difícil diferenciar el gozo cristiano de la alegría terrenal. Pero cuando la vida se está desmoronando, y la alegría terrenal hace tiempo que se fue, el gozo cristiano puede brillar con fuerza, con claridad y de manera única. Debido a que el mundo ve el sufrimiento como algo negativo, tenemos una oportunidad enorme de captar la atención de las personas y hacer que cuestionen su entendimiento de las aflicciones, y de cómo una persona puede perseverar a través de ellas.

¿Pero cómo se produce ese gozo?

Pablo dice que la primera clave para desplegar el evangelio a través de nuestras acciones es perseverar en la oración y la gratitud. Cualquier despliegue de la verdad ante otros comienza a los pies de Jesús. ¡No podemos dar a otros lo que no poseemos! Así que nos acercamos a Dios en oración, pues necesitarlo a Él es nuestro estado natural, y conocerlo y servirle es nuestro mayor deleite y recompensa.

Lee esta descripción de la experiencia de un predicador del evangelio durante los tiempos del Segundo Gran Avivamiento a principio del siglo diecinueve, cuando millones de personas en los Estados Unidos se convirtieron a Cristo. "Ahora es que estoy disfrutando de una verdadera comunión con Dios. Él resplandeció Su luz sobre mí con dulzura, y yo reflejé Sus rayos con un amor devoto y ferviente". El resultado natural de pasar tiempo ante el trono de la gracia es una capacidad para reflejar a Aquel que reina sobre él. ¿Cómo puede tu gozo en el evangelio hacer que los de afuera se pregunten sobre su propia alegría terrenal e incierta? ¿Cómo podemos desplegar ese amor devoto y ferviente hacia Dios en nuestro sufrimiento?

Nos están escuchando

La segunda clave para desplegar el evangelio implica conversar con las personas. Aunque tus acciones puedan demostrar la obra de Dios en tu corazón, por sí solas no son suficientes para compartir todo el evangelio de Cristo. Así que tenemos que hablar con nuestras palabras acerca del Cristo crucificado y resucitado.

Las conversaciones claras y llenas de gracia son las que proclaman nuestra respuesta a la pregunta del mundo sobre la esperanza. "Que su conversación sea siempre con gracia, sazonada como con sal, para que sepan cómo deben responder a cada persona". Puede que no tengas una mejor plataforma de la cual proclamar la gracia de Dios que tus propios sufrimientos. Tus conversaciones acerca de las dificultades y el dolor pueden estar increíblemente llenas de gracia —si hablas acerca de la gracia de Dios y te expresas con gracia hacia los demás. Tus conversaciones también pueden estar llenas de sal, llenas de interés por los demás —no enfocadas completamente en tu propio sufrimiento. Las conversaciones sazonadas producen preguntas, y luego puedes dar respuestas a las personas de manera que apunten a la bondad de Dios y al evangelio.

Cuando respondemos a las personas con amor y verdad, ya sea a nuestros vecinos no creyentes o a perseguidores hostiles, le sacamos el mayor provecho a las oportunidades de proclamar que nuestro Dios nunca va a dejar ni a desamparar a los que están en Cristo, especialmente en tiempos de sufrimiento.

La luz se filtra a través de las grietas

Mientras escribo esto, mi esposo, mi hermana y yo estamos esperando ansiosamente una fiesta sorpresa que le haremos a mis papás por su treinta aniversario. Tenemos meses planificando y la lista de invitados ya está terminada. Esta noche se reunirá un gran grupo de amigos en su casa, y me imagino que tendremos muchas conversaciones acerca del trabajo, el matrimonio, la familia y la salud. Así que esta mañana pensaba: "¿Qué voy a decir si me preguntan cómo me he sentido últimamente? ¿Qué esperanza les voy a comunicar?".

Podría fingir que todo está bien. O podría actuar como si estuviera totalmente desanimada. Podría hablar sobre mejoras en mi salud de una manera completamente secular, mencionando a los doctores y los diagnósticos; o podría hablar de ellos como regalos de Dios. Podría decir que ciertos retrocesos fueron contratiempos devastadores, o que fueron regalos de la mano de Dios que vinieron envueltos de manera extraña. Cristo me ha liberado de las cadenas de una vida centrada en mí misma, de la esclavitud al pecado, aun cuando las cadenas físicas del sufrimiento son muy reales. Él me ha confiado el misterio del evangelio, y Su intención es que ese evangelio se filtre a través de mis grietas al proclamarlo con mis palabras y con mi vida a aquellos que me rodean.

¿Qué hay de ti? ¿Qué oportunidades únicas te ha confiado Dios para proclamar a Cristo con claridad? Por Su gracia, tu sufrimiento es un ministerio —la luz del evangelio filtrándose en las mentes y corazones de aquellos que están a tu alrededor a través de las grietas de tu aflicción. La forma en la que sufres habla mucho, y cuenta una historia. En medio de tu dolor, procura hablar abiertamente del evangelio y del Dios que ofrece esperanza a través de Sus sufrimientos.

Reflexiona

- Evalúa tu respuesta al sufrimiento con honestidad. ¿Tus acciones y palabras proclaman la salvación y la suficiencia de Cristo a los demás? Si no lo hacen, y los demás saben que eres cristiana, ¿qué estás enseñando inadvertidamente acerca de la fe en Cristo?
- ¿Por cuáles cosas podrías dar gracias al Señor en el día hoy? ¿Cómo podrías cultivar la gratitud en tu vida?
- Si hoy tuvieras la oportunidad de hablar acerca de tu sufrimiento de manera que comunique el evangelio, ¿qué dirías? Podrías incluso escribir algunos pensamientos que te ayuden a estar preparada para cuando llegue el momento.

Ora

Dios todopoderoso, ¡gracias por enviar a Tu Hijo para yo poder proclamarlo a otros! Acércame a Ti a través de la oración y la gratitud. Haz que mis acciones sean dignas de Tu evangelio, y muéstrame a quién puedo hablarle de Ti, y a quién debería escuchar. Dame palabras que sean sabias, oportunas y llenas de gracia. Ayúdame a ver cómo mis pruebas pueden ser grietas a través de las cuales puedes manifestarte. Por favor salva a los que están a mi alrededor a través de mi testimonio en medio del dolor. Dame las fuerzas para no rendirme ni paralizarme, y capacítame para mostrar que el evangelio es un tesoro. Amén.

Textos para meditar: Mateo 10:16-20; Filipenses 4:10-13

Diario

CAPÍTULO ONCE

Cuando ya no puedes más

"... derribados, pero no destruidos".

2 CORINTIOS 4:8-9

Él yace exhausto en el suelo de una fría y oscura cueva. Por su frente corren las gotas del sudor de su sufrimiento, y él clama para ser liberado de los enemigos que lo están persiguiendo:

¿Hasta cuándo, oh Señor? ¿Me olvidarás para siempre?
¿Hasta cuándo esconderás de mí Tu rostro?
¿Hasta cuándo he de tomar consejo en mi alma,
teniendo pesar en mi corazón todo el día?
¿Hasta cuándo mi enemigo se enaltecerá sobre mí? (Sal 13:1-2).

Este es David, uno de los más grandes en la historia del pueblo de Dios, el hombre que un día iba a reinar sobre Israel y a conquistar Jerusalén. Pero por ahora todo eso está en el futuro. Aquí él esta derramando su frustración y ansiedad, sin la seguridad de que verá la luz de otro día. Está escondiéndose del despiadado Saúl, el celoso rey de Israel que quiere asesinar a David para que no llegue al trono. Y David comienza a pensar que quizás Dios ha escondido Su rostro y no lo va a ayudar.

Pero algo hermoso le está sucediendo a David en esta escena solitaria y tortuosa en la cueva. En vez de rechazar a Dios y perder la esperanza, su sufrimiento lo lleva al trono del Único que lo puede salvar. En el Salmo 13, David nos enseña cómo hacer lo mismo.

Donde Él quiere que estemos

Al igual que David, nuestro hermano Pablo sabía lo que era sentirse abrumado por el sufrimiento. Estuvo afligido, perplejo y perseguido... y se sentía "derribado".

Trata de recordar la última vez que el sufrimiento te hizo pensar que ya no podías más (tal vez te sientes así en este momento). Al igual que David, puede que te hayas sentido completamente sola, rechazada por Dios y abandonada en la oscuridad de tu dolor. Tal vez tus clamores desesperados de "¿Hasta cuando Señor?" solo te llevaron a una tristeza más profunda en tu corazón, pues te daba la impresión de que la ayuda divina nunca iba a llegar, y perdiste toda esperanza de ser rescatada. Quizás decidiste que no vale la pena seguir clamando a Dios, así que ya ni te molestas en hacerlo.

El sufrimiento nos hace creer que no nos queda nada. Nos parece que acaba con nuestras fuerzas, nuestros recursos, nuestra comodidad, nuestra sabiduría, nuestros planes y nuestro control. Pero cuando experimentamos toda esa necesidad, ese sufrimiento nos puede dirigir hacia Aquel cuyo mismo ser es infinito. Solemos despreciar nuestras limitaciones porque queremos ser fuertes y autosuficientes, pero nuestras debilidades encajan perfectamente en el plan de salvación de Dios. Cuando estamos postradas ante Dios en humildad, estamos exactamente donde Él quiere que estemos, y ahí es donde más necesitamos estar —sin poder ayudarnos a nosotras mismas y totalmente dependientes de Él.

En el Salmo 13, David ya no puede más, y está literalmente en un callejón (una cueva) sin salida. Pero eso mismo que es cierto para él también lo es para nosotras: el fin de nuestra autosuficiencia significa el fortalecimiento de las verdades del evangelio de Dios en nosotras. Podemos estar derribadas, pero no destruidas.

Luz y amor

El camino hacia la impotencia nunca es fácil porque va en contra de lo que queremos y de lo que este mundo valora. Pero tiene un destino hermoso.

Los sufrimientos de David lo llevaron a Dios en vez de alejarlo de Él. ¿Pero cómo? David se acercó a Dios en su momento de mayor sufrimiento por dos razones: Él creía en el buen plan de Dios para salvarlo, y confiaba en el amor de Dios.

Acércate a Dios porque Él te ha salvado. La primera súplica de David es que Dios lo proteja de sus enemigos —pero en esa súplica hay más de lo que nos parece a simple vista. David ora: "... ilumina mis ojos, no sea que duerma el sueño de la muerte" (Sal 13:3). David quiere evitar la muerte y la derrota a través de la iluminación de sus ojos. ¿Pero cómo puede la luz prevenir su muerte? ¿Acaso no debería pedirle a Dios un escudo y una espada, o una forma de huir de sus enemigos? ¿Por qué David le pide a Dios que ilumine sus ojos?

Porque él está orando por más que protección física (aunque no está pidiendo menos que eso). Él está suplicando a Dios que sostenga su fe en medio del sufrimiento.

> *Considera y respóndeme, oh Señor, Dios mío;*
> *ilumina mis ojos, no sea que duerma el sueño de la muerte;*
> *no sea que mi enemigo diga: "Lo he vencido";*
> *y mis adversarios se regocijen cuando yo sea sacudido (Sal 13:3-4).*

David sabe que con el sufrimiento intenso viene la tentación de rechazar el poder de Dios, Sus propósitos y Su carácter. La más clara demostración de que uno ha caído en esa tentación es cuando uno se aleja del Señor. A menos que Dios ilumine sus ojos para que él pueda ver la esperanza de su salvación en medio de sus problemas, David va a perecer. Su fe será destruida y el adversario de su alma habrá ganado. Así que David ruega por iluminación.

En el capítulo uno vimos que la luz de Cristo disipa la oscuridad del pecado y la incredulidad en el corazón humano, capacitando a una persona que ha estado viviendo en ceguera espiritual para ver la gloria de Jesús (2Co 4:4-6). En la oscuridad de tu sufrimiento, cuando no entiendes nada y te sientes completamente derribada, Dios te dice que te acerques a Aquel que es la verdad: la luz de tu salvación, Jesucristo.

Si has confiado en Cristo para la salvación de tu alma, ni el sufrimiento más horrible puede destruirte, pues Él pasó por el infierno para que tú no fueras condenada. El sufrimiento no te llevará a la desesperanza, sino al Dios de la esperanza. No destruirá tu fe, sino que te llevará a una esperanza inquebrantable fundamentada en una Roca inconmovible: Jesucristo.

Y nosotras plantamos nuestros pies firmes sobre esa Roca y vivimos en esa Luz cuando buscamos a Cristo en Su palabra. Ahí es donde se nos recuerda Su gloria, y somos cautivadas por ella. Cuando estamos adoloridas tendemos a ser más perezosas en nuestra búsqueda de la verdad, a descuidar la disciplina de leer la Biblia con regularidad porque estamos cansadas, hastiadas del dolor y cargadas por nuestras dudas. Pero no hay un mejor momento para luchar por la fe. Entre más nos sumergimos en Su Palabra, y entre más creemos en ella, más veremos a Cristo, y más fuerte será nuestra fe. Si ha pasado un tiempo desde la última vez que abriste tu Biblia, o desde la última vez que sentiste que abrir tu Biblia era algo más que una tarea rutinaria, ábrela ahora mismo y mientras lees, ora: "¡Oh Señor, mi Dios, ilumina mis ojos para ver la gloria de Cristo!".

Acércate a Dios porque te ama. La segunda razón por la que tanto el sufrimiento de David como el de Pablo los acercaron a Dios, en vez de destruirlos, es porque confiaban en que Su amor no cambia, aun en medio el dolor. David canta:

> *Pero yo en Tu misericordia he confiado;*
> *mi corazón se regocijará en Tu salvación.*
> *Cantaré al Señor,*
> *porque me ha llenado de bienes (Sal 13:5-6).*

El amor de Dios cambia el significado del sufrimiento para los que están bajo Su cuidado. Ahora vemos las dificultades a través de los lentes eternos de Su bondad hacia nosotros. David básicamente dice: *Estoy agradecido porque has salvado mi alma. Al salvar mi alma, me has mostrado la fidelidad de Tu amor. Y como sé que eres fiel, confío en que vas a usar todo lo que venga en mi camino para bien.* Al confiar en el amor inalterable de Dios, David puede alabarlo en la oscuridad de la cueva, y Pablo es capacitado para adorar a Dios aun con sus cadenas. Sus dudas y clamores los acercan al Dios que les da vida e impide que sean destruidos.

Luchar por este gozo en tiempos de oscuridad es una batalla, pero debemos luchar. El otro camino es la derrota y la desesperanza. Una de las formas en las que podemos hacer esto es enfocándonos en cómo Dios "nos ha llenado de bienes". Esto es lo que Martín Lutero, el gran reformador del siglo dieciséis (quien sabía muy bien lo que era el dolor físico y la presión psicológica), llama "la retórica del Espíritu". Lutero decía:

Si viene una cruz, la minimizaré, pero si llega una misericordia, la magnificaré (citado en Jeremiah Burroughs, The Rare Jewel of Christian Contentment [El contentamiento cristiano: Una joya rara], 155).

Es muy fácil magnificar nuestras pruebas y minimizar las bendiciones. Fácilmente llegamos a definirnos por nuestro dolor y a ver todo lo demás, incluso la misericordia que Dios nos da, a través de la lente de nuestro sufrimiento. Lo que debería definirnos es la misericordia de Dios, y deberíamos ver todo lo demás bajo esa gloriosa luz.

Así que detente ahora y piensa. ¿Qué grandes y amorosas misericordias te ha dado Dios? Esto será diferente para cada una de nosotras, pero piensa en ello. ¿Te ha provisto comida para tu sustento? ¿Una familia a la cual amar? ¿Te ha mostrado compasión por medio de otros cristianos? ¿Te ha revelado alguna verdad recientemente en la Escritura? ¿Tiene años preservándote en la fe?

¿Y qué de Su gracia? ¿No la ha derramado sobre ti, junto con toda bendición espiritual en los lugares celestiales? ¿Acaso no te ha dado al Espíritu Santo? ¿No te ha prometido nunca dejarte ni abandonarte? ¿No te ha hecho coheredera con Cristo? ¿No ha borrado tu pecado y te ha perdonado de tus transgresiones? ¿No te ha hablado a través de Su Palabra? ¿No te ha dado luz para ver la gloria de Cristo? ¿No te ha prometido una eternidad con Él?

En esta vida tendremos cruces, y a veces serán terribles y perpetuas. Pero Dios nos ha llenado de bienes. Sus misericordias son más grandes, y no tendrán fin en la eternidad.

Dejando que el sufrimiento nos acerque

Amiga, cuando estés en la oscuridad de la cueva con David, y comiences a cuestionar el amor de Dios hacia ti, recuerda la verdad: Jesucristo fue enviado al mundo porque Dios te ama. No hay mayor demostración de Su amor por ti, ni evidencia más clara de que busca transformar para bien lo que estés soportando en este momento. Aquel que fue derribado en la cruz es Aquel que no pudo ser destruido, y como Él está a tu favor, tú tampoco serás destruida. Él es tu vida, acércate a Él.

Reflexiona

- ¿Cuáles pruebas ha usado Dios en tu vida para hacerte más dependiente de Él? ¿Cómo ha mejorado tu relación con Él por esta dependencia?
- ¿Cómo está tu lectura de la Biblia en estos momentos? ¿Necesitas volver a comprometerte a abrir la Palabra de Dios con regularidad para poder sumergirte en Su verdad y acercarte a Él?

Ora

Señor Jesús, Tú eres mi luz. Ilumina mis ojos para que yo pueda glorificarte en medio de estas pruebas. Quiero que mis sufrimientos me acerquen a Ti, no que me alejen de Ti. ¡Protégeme! Haz que mi fe sea más fuerte como resultado de estas aflicciones, y revélame todas las maravillosas misericordias que son mías por Tu obra en la cruz. Dame un entendimiento más profundo de cuánto me amas, y de cómo has demostrado este amor en el evangelio. Amén.

Textos para meditar: 1 Samuel 1:1-20; Salmo 62:8; Salmo 118

Diario

CAPÍTULO DOCE

Evitando la amargura y la insensibilidad

"... derribados, pero no destruidos".

2 CORINTIOS 4:8-9

Hay algo seguro para todos los que pasemos por el desierto del dolor y el sufrimiento: vamos a cambiar —para bien o para mal. Es duro cuando somos derribadas. Para el mundo es una catástrofe. Pero a pesar de que nunca estaremos contentas de experimentar el dolor en sí mismo, para el creyente puede ser el terreno más fértil para crecer.

De una manera u otra, el sufrimiento nos transforma. Podemos escoger cómo vamos a responder. Tales experiencias nos pueden llevar en una de tres direcciones: hacia la amargura, hacia la insensibilidad o hacia una humilde dependencia en Cristo.

Durante estos últimos años he estado caminando por un desierto que parece no tener fin. Lidiar con las necesidades especiales de mi hijo mayor, con la enfermedad de Lyme de nuestros cuatro hijos y con mis propios problemas de salud y presiones económicas han sido retos que en los mejores momentos han desafiado a mi familia, y en los peores casi la destruyen. Puedo identificar claramente momentos en los que he respondido con amargura, otros en los que he sido completamente insensible, y momentos en los que esas pruebas me han llevado tanto a un entendimiento más profundo del evangelio como a un mayor amor por Jesucristo. Nuestro desafío es reconocer los momentos en los que somos capaces de escoger y, por la gracia de Dios, elegir acercarnos a Él en lugar de alejarnos.

Mejor que la amargura

El camino hacia la amargura suele comenzar con angustia y dolor genuinos que surgen de una profunda sensación de pérdida, daño y confusión. Cuando llevamos tiempo pasando por circunstancias desconcertantes y dolorosas, y sentimos como si nos estuvieran pateando cuando ya estamos en el suelo, la amargura toca a nuestra puerta disfrazada de una ira justificada por la injusticia de la vida. Cuando somos derribadas por un sufrimiento que no podemos entender, tenemos una fuerte tendencia a buscar algo o a alguien a quien culpar. Y como Dios está en control, nos resulta fácil culparlo y sentir amargura hacia Él.

El Salmo 73 muestra la facilidad con la que nos vamos por este camino hacia la amargura:

Miren, estos son los impíos,
y, siempre desahogados, han aumentado sus riquezas.
Ciertamente en vano he guardado puro mi corazón
y lavado mis manos en inocencia,
pues he sido azotado todo el día
y castigado cada mañana. (...)
Cuando mi corazón se llenó de amargura,
y en mi interior sentía punzadas,
entonces era yo torpe y sin entendimiento;
era como una bestia delante de Ti (Sal 73:12-14, 21-22).

La preocupante verdad es que nuestra amargura es el resultado de nuestra incredulidad y nuestro orgullo. El orgullo dice: "No me merezco esto", o "Yo sé lo que es mejor para mí, y estaría mucho mejor si fuera yo quien estuviera al control de mis circunstancias". Mientras que la incredulidad dice: "No puedo creer que Dios sea bueno si esto es lo que me da".

Recuerdo haber gritado por la ira que sentí después de ver a mi hijo causar destrucción tanto física como emocional en mi hogar, llevándonos a mi esposo, a mis otros hijos y a mí a derramar muchas lágrimas. Vi y sentí como todos nos llenábamos de miedo, angustia y confusión. En esa ocasión, en vez de caer sobre mis rodillas en oración y desesperación, murmuré con ira: "¡Esto no es justo! ¿Qué hice para merecer esto? Ya no puedo seguir con esto —¡quiero irme de aquí!".

Sentía cómo la amargura echaba raíces en mi corazón. Y el fruto de la amargura hacia Dios es rechazar a Dios.

¿Cómo podemos combatir la amargura cuando todo nuestro ser odia lo que nos está pasando?

Cuando pensaba, tratando de entender esto,
fue difícil para mí,
hasta que entré en el santuario de Dios;
entonces comprendí el fin de ellos.
Sin embargo, yo siempre estoy contigo;
Tú me has tomado de la mano derecha.
Con Tu consejo me guiarás,
y después me recibirás en gloria.
¿A quién tengo yo en los cielos, sino a Ti?
Fuera de Ti, nada deseo en la tierra.
Mi carne y mi corazón pueden desfallecer,
pero Dios es la fortaleza de mi corazón
y mi porción para siempre (Sal 73:16-17, 23-26).

Cuando estamos amargadas, le estamos diciendo a Dios: "Debiste haberme dado una vida mejor. ¡Quiero lo que merezco!". Y Dios, usualmente con gentileza y a veces con firmeza, nos dice: "Te he dado una vida mejor, una infinitamente mejor de lo que podrías imaginar, y te estoy guiando hacia ella. Y lo que quiero para ti es lo que no mereces —vida eterna".

Podemos, y debemos, ser honestas con el Señor sobre nuestros sentimientos de amargura, pero luego debemos acudir a la verdad sobre Su identidad y sobre lo que ha hecho por nosotras. Podemos combatir un corazón amargado trayéndolo ante la presencia santa y compasiva de Dios. Al hacerlo, Él nos toma de la mano, nos guía hacia Su verdad y nos recuerda la gloriosa eternidad que nos espera. Por Su gracia, a pesar de nuestra incredulidad, el Señor toma nuestras emociones y nuestros débiles corazones y nos llena con Su fuerza y presencia. La verdad de la esperanza eterna que tenemos en Cristo limpia nuestros corazones amargados y rotos con Su perdón y fidelidad inmerecidos.

Amiga, si ves que la amargura está creciendo dentro de ti, mira a la cruz de Jesucristo. Las circunstancias que se sienten injustas, crueles e inútiles comenzarán a perder su poder cuando recordemos que nuestro Salvador pagó el castigo de nuestro pecado en la cruz y llevó todas nuestras tristezas y nuestros dolores sobre Sus hombros. Mientras que la amargura dice: "No merezco esto", el evangelio dice: "Mereces algo mucho peor que esto, pero has sido perdonada, liberada y ahora tienes la promesa de una eternidad gloriosa con Cristo". La luz del evangelio destruye el poder de la amargura.

Cómo remediar tu insensibilidad

La insensibilidad se presenta a sí misma como una forma de incredulidad y rebeldía más aceptable que la amargura. Bloqueamos el dolor temporalmente porque queremos evitarlo a toda costa.

En mi caso, esta tentación viene siempre que el dolor parece ser más de lo que puedo soportar. Sé que he caído cuando empiezo a ver demasiada televisión, a comer más (y comida no muy saludable), a tomar siestas en vez de hacer lo que debo hacer, a orar y leer la Biblia con menos frecuencia, a evitar conversaciones, a negar que necesito ayuda o a buscar cualquier gratificación inmediata que me distraiga del dolor por un momento. La insensibilidad se trata de anestesiar el dolor o de escapar de él, en lugar de depender de Cristo en medio del dolor.

No importa cómo tratemos de anestesiar nuestro dolor, ya sea que lo hagamos a través de placeres temporales, de actividades que parecen inocentes pero que nos hacen desperdiciar el tiempo, o de las drogas y el alcohol, el acto puede llevarnos a la esclavitud y lejos de las bendiciones que Cristo desea derramar sobre nosotras a través del mismo dolor que estamos evadiendo.

¿Cómo podemos combatir esa insensibilidad? En primer lugar, debemos reconocerla como lo que es. Si te sientes derribada en una temporada de sufrimiento, evalúa cómo estás usando el tiempo. ¿Estás tratando de ahogar el dolor con algo más? ¿Con actividad excesiva, ejercicios o dietas poco saludables, más televisión, más sueño, más tiempo en la computadora, lectura de libros que no edifican, compras compulsivas, demasiado trabajo, alcohol, drogas o pornografía? ¿Estás evitando pasar tiempo leyendo la Palabra de Dios o en oración?

Pero para mí, estar cerca de Dios es mi bien;
en Dios el Señor he puesto mi refugio
para contar todas Tus obras (Sal 73:28).

Por tanto, acerquémonos con confianza al trono de la gracia para que recibamos misericordia, y hallemos gracia para la ayuda oportuna (Heb 4:16).

No tenemos que haber superado nuestras luchas y sentimientos antes de acudir a Cristo. Él puede lidiar con nuestras emociones y quiere que nos acerquemos a Él con toda honestidad. Puede que nos engañemos a nosotras mismas y a los que nos rodean, pero Cristo conoce el verdadero estado de nuestros corazones y aun así quiere que nos acerquemos a Él confiadamente, con todas nuestras cargas, dudas e incredulidad.

Así que no seas vencida por la tentación a huir o a anestesiarlo todo en tiempos de quebrantamiento. Acércate a Jesús en oración, trae tus emociones ante Él y pídele la gracia que necesitas para perseverar en las pruebas.

Depende de Cristo

Entonces ¿cómo evitamos caer en la amargura y la insensibilidad cuando somos derribadas por el pecado y las circunstancias dolorosas de nuestra vida? Debemos llevar todas nuestras emociones y preguntas, todo nuestro dolor y toda nuestra confusión a Jesucristo, nuestro Sumo sacerdote, quien nos conoce íntimamente y tiene compasión de nosotras porque ha pasado por mucho más de lo que nos pudiéramos imaginar. ¿Cómo funciona esto en la práctica?

Ora. No podemos hacer nada de esto por nosotras mismas. Necesitamos la ayuda del Espíritu hasta para ver nuestra tendencia a la amargura y la insensibilidad. Debemos comenzar con una simple oración de dependencia: "Escucha, oh Señor, mi voz cuando clamo; ten piedad de mí, y respóndeme" (Sal 27:7).

Busca. Haz de tu tiempo en la Palabra una prioridad. Rodéate de creyentes que te animen y te recuerden la verdad. Llena tu mente con la sabiduría de hombres y mujeres piadosos que proclamen el poder, la gracia y la suficiencia de Cristo en el sufrimiento. Si no somos intencionales en rodearnos de la verdad en medio del sufrimiento, caeremos fácilmente en amargura o insensibilidad. Pero la Palabra de Dios es poderosa para fortalecernos, equiparnos y transformarnos para que reflejemos la imagen de Cristo. "... mi corazón te respondió: 'Tu rostro, Señor, buscaré'" (Sal 27:8).

Espera. Espera con anticipación. Dios no desperdicia ni un solo momento de dolor, y Él será fiel en proveer lo que necesitamos, nos dará fuerza para perseverar y nos purificará como el oro. ¡Eres más que vencedora en Cristo y necesitas recordarlo constantemente! No tenemos que temer ni que desesperarnos, aun cuando todo a nuestro alrededor parezca oscuro y sin esperanza. Podemos ser derribadas, pero nunca seremos destruidas. Tal como oró David:

Hubiera yo desmayado,
si no hubiera creído que había de ver la bondad del Señor
en la tierra de los vivientes.
Espera al Señor;
esfuérzate y aliéntese tu corazón.
Sí, espera al Señor (Sal 27:13-14).

Reflexiona

- ¿Eres más tentada a ceder a la amargura o a la insensibilidad?
- ¿Está el Espíritu convenciéndote de algún área de pecado que se haya convertido en una forma de evadir el dolor o de huir de lo que Dios está haciendo en tu vida?
- ¿Empezarás hoy mismo a orar, a buscar al Señor y a esperar en Él?

Ora

Jesús, estoy abrumada y confundida, y quiero escapar de este dolor. Por favor perdóname y protege mi corazón de la amargura y la insensibilidad. Perdóname por no confiar en Tu amor y Tu control sobre lo que estás permitiendo en mi vida. Ayúdame a no huir de estas cosas, sino a confiar en Tu amor por mí, de manera que pueda perseverar, permanecer y hallar esperanza, paz y gozo en medio de todo esto. Ayúdame a no desperdiciar este dolor, sino a conocerte más a través de él. Amén.

Textos para meditar: 2 Corintios 10:3-6

Diario

CAPÍTULO TRECE

El camino solitario hacia la cima

"Llevamos siempre en el cuerpo por todas partes la muerte de Jesús, para que también la vida de Jesús se manifieste en nuestro cuerpo. Porque nosotros que vivimos, constantemente estamos siendo entregados a muerte por causa de Jesús, para que también la vida de Jesús se manifieste en nuestro cuerpo mortal".

2 CORINTIOS 4:10-11

Muchos caminos de sufrimiento son increíblemente solitarios. Sí, es verdad que no hay nada nuevo bajo el sol (Ec 1:9), y que muchas veces hay más personas de lo que pensamos que pueden identificarse con nuestro sufrimiento. Sin embargo, estos caminos siguen siendo aislados.

Pablo resume todo lo que él está enfrentando en dos frases —"Llevamos siempre en el cuerpo por todas partes la muerte de Jesús", pero no sin propósito, pues dice que es "para que también la vida de Jesús se manifieste en nuestro cuerpo". Seguir a un Salvador sufriente y rechazado en un mundo caído va a implicar sufrimiento, pues la maldición del pecado hace que el mundo rechace a su Rey. Pero cuando sufrimos y escogemos confiar en Cristo a través de las pruebas que enfrentamos, somos llenas de Su poder y Su presencia, reflejando así Su imagen a los que están a nuestro alrededor.

El camino del dolor está marcado por la esperanza. Pero no deberíamos subestimar el hecho de que este camino puede, en ocasiones, ser solitario. Lo fue para Jesús, y lo va a ser para aquellos que siguen Sus pisadas.

Recuerdo cuando comenzamos a darnos cuenta de que nuestro hijo mayor tenía luchas diferentes a las de nuestros otros hijos. Cuando las dificultades se convirtieron en desafíos que alteraron toda nuestra vida, dejé de asistir a eventos sociales, a centros comerciales y a la iglesia, sintiéndome cada vez más sola. Sentía que atravesaba un camino aterrador con el que nadie más podía identificarse.

A medida que se intensificaba la lucha, me alejaba cada vez más de aquellos que amaba, me quedaba en casa con más frecuencia y me rehusaba a lidiar correctamente con toda la agitación emocional que sentía. Me sentía increíblemente sola en medio de la confusión, el miedo y la incertidumbre en cuanto al futuro. Sí, había personas que trataban de hacer preguntas, de ofrecer sugerencias o de compartir formas en las que se podían identificar conmigo, pero nunca sentía que lograban consolarme. Nadie podía entrar realmente en el dolor, la angustia y la soledad que se apoderaban de mi casa y de mi corazón. Pero —y esto sigue pareciéndome sorprendente y maravilloso— estos años de soledad me han llevado a estar agradecida por este camino solitario que me ha tocado transitar. Es un recorrido que me ha dado un mayor entendimiento de lo que significa ser una seguidora de Jesucristo y conocerlo a Él no solo como mi Salvador, sino como mi consuelo, mi sustentador, mi esperanza y mi fuerza. Cuando somos despojadas de ciertas comodidades terrenales y experimentamos más y más soledad, eso nos permite comenzar a experimentar la verdadera profundidad, anchura y altura de Su amor por nosotras.

Pero eso no sucede de forma automática; por lo menos en mi caso no fue así. Mi experiencia y las de otros que son cercanos a mí me han enseñado que hay mentiras particulares acerca de la soledad que el diablo susurra a nuestro oído, y tú y yo necesitamos aprender a reconocerlas y confrontarlas con la verdad.

Consuelo en Cristo

La mentira: La soledad significa que estoy completamente sola.

La verdad: La soledad me despoja del consuelo de aquellos que me rodean, llevándome a encontrar consuelo solo en Cristo.

> *"Bendito sea el Dios y Padre de nuestro Señor Jesucristo, Padre de misericordias y Dios de toda consolación, el cual nos consuela en todas nuestras tribulaciones..." (2Co 1:3-4).*

Meditaremos más en ese versículo en el capítulo quince. Aquí quiero que notes que sí hay momentos en los que Dios permite que nos sintamos solas con el propósito de que profundicemos más en Su Palabra y en la oración, y así podamos experimentar vida y esperanza en Él. Solo hay un Dios de toda consolación, y Él no duerme en tu casa, ni se estaciona a tu lado en la iglesia. Es Jesús. No hallaremos consuelo verdadero y permanente fuera de Él, y cuando ya no nos quede dónde más ir sino a Él, descubrimos que Él debió haber sido nuestra primera opción.

Al despojarnos del consuelo terrenal de aquellos que nos rodean, el Señor nos mueve en una de dos direcciones: hacia una intimidad más profunda con nuestro Salvador, o hacia el descubrimiento de un corazón no arrepentido. Así que si te sientes sola en tu sufrimiento, dale gracias a Dios porque te ama lo suficiente como para permitir este tiempo en tu vida para acercarte más a Él.

Cristo anduvo por este camino

La mentira: Soy la única que está sufriendo así, y nadie nunca podrá entender mi dolor.

La verdad: Cristo no me va a pedir que sufra lo que Él mismo no ha sufrido.

Una de las razones por las que surge la tentación es porque no conocemos a muchas personas —si es que conocemos a alguna— en nuestro círculo inmediato de amigos cercanos, familia o aun conocidos que hayan sido llamados a llevar nuestra misma carga. Y aunque conozcamos a alguien con pruebas similares, la diferencia entre los temperamentos y las experiencias previas hará que nuestras reacciones sean distintas. Es muy fácil caer en amargura porque nadie nos entiende. Pero hay Alguien que entiende el dolor, que anduvo por el camino más difícil, que conoce tu camino y el mío, y que camina a nuestro lado.

> *Fue despreciado y desechado de los hombres,*
> *varón de dolores y experimentado en aflicción;*
> *y como uno de quien los hombres esconden el rostro,*
> *fue despreciado, y no lo estimamos (Is 53:3).*

Jesucristo es el único que puede entender completamente nuestro dolor. Solo Él conoce nuestros corazones, temperamentos, inseguridades, temores, emociones y deseos. Jesús conoce el dolor y la soledad. Él entiende la soledad de no ser comprendido, la soledad de ser rechazado por Su propia familia, la soledad de orar en agonía mientras Sus amigos más cercanos estaban dormidos, y la soledad de ser abandonado por el Padre. *Y todo lo hizo por ti.* Podemos experimentar la soledad en muchos niveles, pero debido a que Él la vivió antes que nosotras, nunca tendremos que experimentar la devastadora soledad de la separación de Dios el Padre que Él experimentó. Nuestro Padre amoroso envió a Su propio Hijo por el camino más solitario para que nosotras nunca tuviéramos que recorrer ningún camino sin Él.

Cuando seas tentada a alejarte, recuerda que solo Cristo puede llenar los vacíos más profundos que dejan las aflicciones de la vida. Él sabe, Él entiende, a Él le importa y Él puede consolarte. Por medio de Su Espíritu, Él está con nosotras. Nuestro Salvador no nos consuela animándonos desde lejos. En vez de eso, Él vive en nosotras, nos sostiene y nos llama a recorrer el camino hacia la cruz.

La cima es gloriosa

La mentira: Siempre me sentiré sola.

La verdad: La soledad de esta vida se desvanecerá tan pronto nos unamos a nuestros hermanos en Cristo por la eternidad, gozándonos y dando gloria a Dios por quien es Él y por todo lo que ha hecho.

Sigue a Jesús, y un día ya no tendrás que andar por este camino solitario. Estarás con tu Salvador, cara a cara, en perfecta comunión y unidad con todos los demás creyentes del pasado, del presente y del futuro. Trata de imaginar cómo será ese momento; pronto llegará el día en que no será un anhelo, sino la realidad:

> *Oí como la voz de una gran multitud, como el estruendo de muchas aguas y como el sonido de fuertes truenos, que decía: "¡Aleluya! Porque el Señor nuestro Dios todopoderoso reina. Regocijémonos y alegrémonos, y démosle a Él la gloria, porque las bodas del Cordero han llegado y Su esposa se ha preparado". Y a ella le fue concedido vestirse de lino fino, resplandeciente y limpio, porque las acciones justas de los santos son el lino fino. El ángel me dijo: "Escribe: 'Bienaventurados los que están invitados (los llamados) a la cena de las Bodas del Cordero'". También me dijo: "Estas son palabras verdaderas de Dios"* (Ap 19:6-9).

¡Esto me da tanta esperanza! Aunque este camino de obediencia a Cristo a veces sea solitario, sabemos que no lo será para siempre. Cuando Cristo llame a Su pueblo a casa, seremos reunidos con una gran multitud de santos y juntos adoraremos Su nombre. El aislamiento y la soledad serán reemplazados por la unidad, la empatía, la aceptación y el gozo. Cristo habrá destruido al enemigo y todas sus estrategias para hundirnos en la desesperación y la tristeza, liberándonos una vez y para siempre de la soledad del sufrimiento, y de ser incomprendidas, ridiculizadas, perseguidas, excluidas o rechazadas por los que amamos.

Algunas de nosotras tendremos que andar por caminos que son increíblemente dolorosos, largos y solitarios. Tal vez ese sea tu caso hoy. Puede que te sientas sola, y que a veces realmente lo estés porque no hay nadie a tu alrededor, pero Cristo anduvo por ese camino solitario que llevaba al Calvario para que tú nunca tuvieras que caminar sin Él. Un día llegarás al final del camino, a la nueva ciudad del pueblo de Dios. La soledad de este mundo desaparecerá en la presencia de Cristo. El camino es empinado, pero la cima es gloriosa.

Reflexiona

~ ¿Has creído alguna de estas mentiras en tus tiempos de soledad?

~ ¿Te tomarás el tiempo para identificar las mentiras que has creído y confrontarlas con la verdad?

~ ¿Permitirás que la soledad que sientes te lleve a aferrarte más a los brazos amorosos y fuertes de Cristo?

~ ¿Es Cristo digno de seguir, incluso si eso significa una vida de soledad?

Ora

¿Quién es el hombre que teme al Señor?
Él le instruirá en el camino que debe escoger.
En prosperidad habitará su alma,
y su descendencia poseerá la tierra.
Los secretos del Señor son para los que le temen,
y Él les dará a conocer Su pacto.
De continuo están mis ojos hacia el Señor,
porque Él sacará mis pies de la red.
Vuélvete a mí y tenme piedad,
porque estoy solitario y afligido.
Las angustias de mi corazón han aumentado;
sácame de mis congojas.
Mira mi aflicción y mis trabajos,
y perdona todos mis pecados (Sal 25:12-18).

Amén.

Textos para meditar: Mateo 11:25-30; Mateo 27:46; Lucas 14:25-33; Lucas 17:5-6

Diario

CAPÍTULO CATORCE

Nunca sin propósito

"Así que en nosotros obra la muerte, pero en ustedes, la vida".

2 CORINTIOS 4:12

Cuando el dolor es particularmente trágico o aterrador, cuando es permanente en lugar de pasajero, hay algo que solemos pensar sin decírselo a nadie, pero es necesario que lo hablemos: *¿Por qué sigo viva? ¿Por qué Dios no me deja morir y ya?*

¿Por qué Dios no nos quita el sufrimiento o nos saca del mismo? ¿Por qué deja que Su pueblo sufra continuamente?

Cuando Pablo escribe acerca de la "muerte" que "obra" en él y en sus amigos cristianos, está hablando del acto de negarse a uno mismo diariamente, por medio del cual él sigue a Cristo con gozo y voluntariamente —aun a través del sufrimiento y el sacrificio, e incluso de la muerte. Dios había determinado que Pablo siguiera vivo y dando fruto para el evangelio, a pesar de estar preso y de otros sufrimientos perpetuos y brutales que resultaban de su predicación fiel. Dios le estaba enseñando cómo vivir para Cristo y cómo depender de Él al negarse a sí mismo diariamente. Pero la "vida" de la que habla Pablo en este versículo no es realmente acerca de la vida que está en él, sino de la que está "en ustedes".

Es acerca de la iglesia.

En una carta diferente, a la iglesia de Filipos, Pablo escribe:

> *Mi ardiente anhelo y esperanza es que en nada seré avergonzado, sino que con toda libertad, ya sea que yo viva o muera, ahora como siempre,*

> *Cristo será exaltado en mi cuerpo. Porque para mí el vivir es Cristo y el morir es ganancia. Ahora bien, si seguir viviendo en este mundo representa para mí un trabajo fructífero, ¿qué escogeré? ¡No lo sé! Me siento presionado por dos posibilidades: deseo partir y estar con Cristo, que es muchísimo mejor, pero por el bien de ustedes es preferible que yo permanezca en este mundo. Convencido de esto, sé que permaneceré y continuaré con todos ustedes para contribuir a su jubiloso avance en la fe. Así, cuando yo vuelva, su satisfacción en Cristo Jesús abundará por causa mía (Fil 1:20-26, NVI).*

¿Cómo nos ayuda todo eso a responder al que sufre cuando nos pregunta: "¿Por qué Dios no me deja morir y ya?". Piensa en el cristiano que queda paralizado por un accidente y después tiene que pasar el resto de sus días en cama. O en la víctima de una enfermedad degenerativa que poco a poco va perdiendo su calidad de vida. ¿O qué del creyente que se siente atrapado en una relación abusiva, o en un hogar donde siempre hay problemas? ¿O qué de la persona que ha perdido a un ser querido en una tragedia y no sabe cómo vivir sin esa persona?

Si Pablo quiere partir y estar con Cristo, entonces ¿por qué Dios lo deja en el cuerpo, con todos esos sufrimientos y dificultades?

Porque es necesario para los que lo rodean. "... deseo partir y estar con Cristo, que es muchísimo mejor, pero por el bien de ustedes es preferible que yo permanezca en este mundo". Pablo está diciendo: "Si pudiera escoger ¡estaría en el cielo con mi Señor!". Estar con Jesús es mejor que permanecer en el cuerpo, para Pablo y para nosotras. ¡Qué grandioso será el día en que eso suceda! Y qué forma tan maravillosa de ver la muerte. Estar con Cristo es muchísimo mejor. Sin embargo, la Palabra de Dios dice que si permanecemos aquí es porque nuestro trabajo para Él aún no ha terminado.

Hermana que estás sufriendo: estás viva hoy porque Dios tiene un propósito para tu dolor que es para el bien de otros y la gloria de Cristo. Tu sufrimiento te lleva a morir a ti misma, y eso produce vida en Cristo, tanto en ti como en la iglesia.

Para el bien de otros

El trabajo de Pablo por la iglesia era obvio, pues estaba ministrando en el campo de batalla. Dios estaba produciendo fruto visible y abundante a través de su perseverancia. Tal vez algunas de nosotras podemos identificarnos con Pablo, pero muchas de nosotras no vemos claramente cómo nuestra perseverancia en el cuerpo está produciendo fruto. Pero si Dios nos está permitiendo vivir, podemos estar seguras de que Él también está usando nuestra labor —aun cuando no podamos entender los detalles ni ver el resultado. Todo acto humilde de servicio es precioso a los ojos de Dios.

El sufrimiento puede ser un sacrificio aceptable a Dios. A veces el sacrificio tiene poco sentido para otros, pero cuando se lo ofrecemos a Él, siempre será aceptado. Solo seremos transformadas en algo que Él pueda usar para el bien de otros cuando Él reciba nuestro sacrificio.

Piensa en los círculos sobre los cuales tienes influencia, especialmente aquellos que están dentro de la iglesia. Al afrontar el sufrimiento con esperanza y al permanecer en el cuerpo con perseverancia, te estás involucrando en un ministerio necesario; tienes la oportunidad de hacer bien a la iglesia exaltando a Cristo en tu cuerpo a través de tu sufrimiento y tu servicio. En las palabras de Pablo: "... permaneceré y continuaré con todos ustedes para contribuir a su jubiloso avance en la fe".

Haces bien a la iglesia al exaltar a Cristo a través de tu sufrimiento. La persona que se aferra a Cristo en el sufrimiento tiene una fe contagiosa. La iglesia necesita saber cómo tener contentamiento y gozo en las dificultades, y el creyente que permanece firme en las pruebas es un ejemplo vivo de cómo se ve esa clase de vida. La fidelidad en medio del sufrimiento estimula a otros a adorar a Dios y a pagar el precio de vivir para Él.

Es bueno para otros creyentes ver a un hermano o una hermana en la fe que esté sufriendo y que atesore las cosas del cielo sobre las cosas de la tierra, encarnando el salmo que dice: "Mi carne y mi corazón pueden desfallecer, pero Dios es la fortaleza de mi corazón y mi porción para siempre" (Sal 73:26). Es bueno que los cristianos recuerden que la muerte no tiene victoria o aguijón porque nuestro Señor la venció en la cruz. Es bueno que tu iglesia vea en la vida de los creyentes la verdad de que el sufrimiento no tiene que *—no puede—* destruir el gozo de un cristiano.

Al perseverar en tu lucha, aferrándote a Cristo mientras mueres a ti misma cada día, estás sirviendo a la iglesia. Ellos, y el Señor, te lo agradecerán cuando estemos en gloria.

Aún puedes servir a otros

Le haces bien a la iglesia cuando exaltas a Cristo a través de tu servicio. Hermana, el sufrimiento no es lo que te define, sino tu Salvador. Tú estás en Cristo. Ciertamente Dios puede usar tus dolores, pero tu propósito va más allá de ellos. Él ha preparado buenas obras para que andes en ellas (Ef 2:10).

Tal vez esa buena obra es aferrarte a la fe en medio de un sufrimiento severo. Pero si eres capaz de salir de tu cama, esa buena obra va a implicar servir a tu iglesia de alguna forma, o trabajar fielmente en tu empleo, o criar a tus hijos con perseverancia, o mostrar hospitalidad a tus vecinos, u orar fervientemente por otros. Puede que sea un servicio más sencillo de lo que quisieras, y que tal vez sea menos de lo que estabas acostumbrada a dar (imagina la frustración de Pablo cuando, en vez de predicar y plantar iglesias, estaba encerrado en una prisión). Pero aún puedes servir, y ese servicio es necesario en los planes buenos de Dios.

Esta es la razón por la que Pablo sabía que sería mejor estar con Cristo; pero aun así era más necesario vivir par Cristo —aunque fuera en una prisión.

Lo mismo es verdad al aceptar el servicio de otros. Cristo es exaltado cuando nos humillamos para recibir las buenas obras y las oraciones de otros cristianos. Nuestro sufrimiento es una oportunidad para que otros crezcan en humildad al ayudarnos. Nosotras también necesitamos estar dispuestas a humillarnos para permitir que otros tengan ese privilegio. Al humillarnos, todos estamos creciendo en nuestra semejanza a Cristo.

Si estás respirando en el día de hoy, eso significa que Dios aún tiene propósitos para ti en esta tierra. Es necesario que permanezcas en el cuerpo físico, por el bien del cuerpo espiritual de nuestro Señor Jesucristo.

Dando gloria a Cristo

Desde el cristiano más enfermo que depende de la provisión de Dios hasta para respirar una vez más, hasta la madre soltera que continúa sirviendo a sus hijos fielmente en medio de tanta necesidad, nuestras muertes diarias en el cuerpo apuntan a la vida eterna de resurrección que tenemos en Jesús, y a la hermosa y liberadora verdad de que, en cualquier circunstancia, Él es suficiente. "Así que en nosotros obra la muerte, pero en ustedes, la vida".

Debido a que nuestro sufrimiento hace que servir sea un mayor desafío, será más obvio que cualquier cosa que hagamos es por la obra de Cristo en nosotras. Y como el sufrimiento nos quita ciertos bienes terrenales, podemos mostrar a los demás lo más valioso de la vida eterna —que Jesucristo es nuestra ganancia. Al llevar Su muerte en nuestros cuerpos, y al experimentar Su poder obrando en nosotras, Su valor supremo brilla con más fuerza.

Sufrir es una oportunidad para exaltar a Cristo —así que una vida que incluya sufrimiento es una vida que vale la pena vivir. El sufrimiento es una oportunidad para servir a tu iglesia— posiblemente no tienes idea de cómo estás animando, desafiando y consolando a los que están a tu alrededor. Puede que la muerte esté obrando en ti a través del dolor y la dificultad, pero en otros está obrando la vida cuando exaltas a Cristo en tu cuerpo. Al dejarte sufrir, Dios está escogiendo para ti un ministerio necesario, y una vida de impacto para otros antes de llevarte al hogar para estar con Él.

Si hoy te despertaste con aire en tus pulmones, es porque Dios aún tiene propósitos para ti en esta tierra. Es necesario que permanezcas en tu cuerpo físico, para la gloria de Jesucristo y el bien de Su iglesia.

Reflexiona

- Piensa en las personas sobre quienes tienes influencia. ¿Cuáles vidas estás afectando? Pídele al Señor que te siga usando y entrégate completamente a Su servicio, cualquiera que sea.
- Cuando estamos sufriendo, nuestras oportunidades de servir e influenciar a otros pueden ser más difíciles de ver. Pídele a alguien cercano que te diga cuáles dones ve en ti y pregúntale dónde cree que Dios te llama a servirle.
- Si sientes que ya estás lista para partir y estar con Jesús, pídele que te ayude a perseverar y que se glorifique a través de tu vida. ¿Confiarás en Sus planes y en Sus tiempos?

Ora

Dios soberano, hay días en los que simplemente quiero irme a casa para estar contigo. Tú lo sabes. Pero no quiero olvidar que si me tienes aquí es porque quieres usarme. Así que te ruego que me des claridad sobre cómo puedo servir a otros en medio de este dolor. Por medio de Tu Espíritu, ayúdame a amar a los demás, a considerarlos y a caminar ante ellos con esperanza en Cristo. Úsame para Tu gloria hasta que me llames al hogar. Amén.

Textos para meditar: Isaías 55:6-9; Salmo 46

Diario

CAPÍTULO QUINCE

Cómo ofrecer verdadero consuelo

"Pero teniendo el mismo espíritu de fe, según lo que está escrito: "Creí, por tanto hablé", nosotros también creemos, por lo cual también hablamos, sabiendo que Aquel que resucitó al Señor Jesús, a nosotros también nos resucitará con Jesús, y nos presentará junto con ustedes. Porque todo esto es por amor a ustedes, para que la gracia que se está extendiendo por medio de muchos, haga que las acciones de gracias abunden para la gloria de Dios".

2 CORINTIOS 4:13-15

Te pregunto: ¿Qué te trae verdadero consuelo cuando estás atravesando una prueba difícil o un sufrimiento profundo? ¿Es alguien que te dice: "Todo va a estar bien, Dios va a traer sanidad, eres fuerte y sé que vas salir bien de esto; voy a orar por ti para que te mejores y que todo esto termine"? ¿Es algo así lo que te da consuelo duradero?

Estas declaraciones siempre son insuficientes para consolarnos. Aunque a veces tienen verdades parciales —ya que es bueno y correcto orar por sanidad y para que las cosas mejoren — también pueden reforzar la idea falsa de que nuestro mayor problema es nuestro sufrimiento, y que el removerlo sería la mayor bendición de Dios. En su libro *Un llamado: Gozo y sufrimiento*, el autor Ajith Fernando dice:

> *Creo que uno de los puntos ciegos más serios de la iglesia occidental es un entendimiento defectuoso del sufrimiento. Tenemos mucha enseñanza sobre cómo escapar del sufrimiento y terapias para enfrentarlo, pero no se está enseñando una teología bíblica del sufrimiento.*

> *Uno de los resultados de no tener una teología apropiada del sufrimiento es que sufrimos más de lo necesario cuando nos encontramos con el dolor y la frustración. Al vivir como vivimos en este mundo caído, podemos estar seguros de que vamos a encontrar sufrimiento. Está tan arraigado a la vida en la tierra que ningún ser humano puede evitarlo. Si los creyentes no aceptamos el sufrimiento como algo que va a producir bien en nuestras vidas, cuando suframos vamos a pensar que está pasando algo muy grave. Los comentarios de otros pueden reforzar esa idea. Se sienten decepcionados de Dios y de la iglesia, o luchan innecesariamente con el desánimo y la duda. No es posible tener gozo con esas actitudes (51-52).*

En otras palabras, si no tenemos una teología correcta del sufrimiento, cuando llegue la adversidad estaremos desconcertadas, devastadas y furiosas. Lo que realmente creemos le da forma a lo que decimos, tanto a nosotras mismas como a otros. Si creemos algo incorrecto, vamos a decir lo incorrecto, y terminaremos recurriendo a clichés pseudocristianos (que ofrecen esperanzas falsas), o nunca teniendo nada que decir a aquellos que están sufriendo (lo cual no ofrece ninguna esperanza).

Pablo nos enseña que nuestro mensaje de esperanza debe ser siempre el mismo, no importa cuáles sean las circunstancias. Mira su lógica en estos versículos. Él cree que como Cristo ha resucitado para vida eterna, él también será resucitado para vida eterna. Esto lo dice por amor a su audiencia, para que comiencen a entender y a apreciar la gracia, y por amor a su Dios, quien recibe las acciones de gracias que merece.

Si creemos en la esperanza de la resurrección, esa es la esperanza que le comunicaremos a los demás. Uno de los momentos más cruciales para compartir esta verdad es cuando estamos caminando junto a hermanos que están sufriendo y les cuesta ver la esperanza por sí mismos. ¿Y quién mejor para compartir una esperanza así que alguien que ha sido consolada y fortalecida por ella en su propia experiencia de sufrimiento?

> *Alabado sea el Dios y Padre de nuestro Señor Jesucristo, Padre misericordioso y Dios de toda consolación, quien nos consuela en todas nuestras tribulaciones para que, con el mismo consuelo que de Dios hemos recibido, también nosotros podamos consolar a todos los que sufren. Pues, así como participamos abundantemente en los sufrimientos de Cristo, así también por medio de Él tenemos abundante consuelo (2Co 1:3-5).*

¿Te has percatado de que si tus aflicciones te llevan a aferrarte a Jesús, te estás convirtiendo en una creyente calificada para hablar a otros del consuelo que has recibido, y así ser un instrumento para fortalecer y animar a esas personas?

El consuelo de Cristo es mejor que la conmiseración

Tengo años soportando dolor físico, angustia y pérdida, y he aprendido que nada puede reemplazar lo que se ha perdido, ni reparar lo que se ha roto, fuera de Cristo. En lugar de quitarme el dolor y de revertir las pérdidas de mis esperanzas terrenales, el Señor me ha consolado con Su presencia y con la seguridad de Su esperanza para el futuro. En Su gracia, no solo me ha consolado por medio de Su Palabra y de Sus promesas, sino a través de hermanos y hermanas en Cristo que han estado caminando conmigo. Es por causa de estas verdades que puedo acercarme a otras personas y ofrecerles el mismo consuelo.

Consolar a otra persona no es simplemente tener compasión de ella y unirte a su dolor, y habrá ocasiones en las que esto implicará no estar de acuerdo con ella. Es hablar sobre las verdades del evangelio que nosotras mismas hemos valorado más que cualquier otro consuelo terrenal. Necesitamos señalar hacia las promesas de Dios sin dejar de ser realistas respecto al presente. En vez de decirles que todo va a estar bien (pues eso no lo sabemos), podemos consolarlas con la verdad de que ni un segundo de su dolor será desperdiciado, y que cuando Cristo regrese, no habrá un segundo más de dolor o de angustia (¡eso sí lo sabemos!).

Aunque no entendamos el propósito de ciertos sufrimientos, Cristo nos promete que si confiamos en Él (aun cuando nuestra fe se haya debilitado por la aflicción), Él va a usar esas pruebas para cumplir Sus propósitos buenos y amorosos en nuestras vidas y en las vidas de los que nos rodean. Puede que no podamos ofrecer respuestas ni soluciones temporales que alivien el dolor, pero podemos traer el consuelo de Cristo y el valor eterno de sufrir con Él.

El consuelo de Cristo es mejor que tu experiencia

No todos responden a la tristeza o al sufrimiento de la misma forma o en el tiempo en que tú lo haces. De hecho, nadie va a responder exactamente igual que tú. Así que si tratamos de consolar usando solo nuestras propias experiencias, seguramente diremos algo incorrecto, nuestro consuelo solo será temporal, y posiblemente hasta empañemos el consuelo del evangelio que otros han tratado de ofrecerle a esa persona.

Creo que esta es la razón por la que muchas veces no sabemos qué decir y sentimos que no tenemos nada que aportar cuando alguien que amamos está sufriendo. ¡Pero sí tenemos algo que decir! Y el enfoque no es nuestra sabiduría ni nuestras experiencias, sino el tesoro del evangelio.

Cómo se ve eso en la práctica

- Necesitamos ser lentas para juzgar si las personas están sufriendo "bien", y rápidas para llorar y dolernos junto con ellas.
- Necesitamos ser lentas para hablar las "verdades" que pensamos que ellas necesitan escuchar, y rápidas en discernir y orar cómo podemos animarlas con la Escritura y las promesas de Dios.
- Necesitamos ser lentas para exasperarnos, y rápidas para aprender a perseverar.
- Necesitamos ser lentas para huir de la incomodidad de entrar en el dolor de otros, y rápidas para permitir que Dios use su sufrimiento para aumentar *nuestra* fe.
- Necesitamos ser lentas para decir nuestras opiniones y soluciones, y rápidas para escuchar y prestar atención a sus corazones.
- Necesitamos ser lentas para hacer lo mínimo, y rápidas para servir de la manera en que Dios nos esté llamando a hacerlo, aunque implique sacrificio. (¡Esto *no* significa que debemos decir "sí" a todas las necesidades!)
- Necesitamos ser lentas para ver el sufrimiento de otros como algo que no nos incumbe, y rápidas para ver el sufrimiento de otros como un privilegio en el que podemos amar, servir y ser mutuamente bendecidas por el cuerpo de Cristo.
- Necesitamos ser lentas para creer que no estamos equipadas para ayudar, y rápidas para consolar con los dones y la personalidad que Dios nos ha dado. (Si eres buena con las manualidades, haz detalles que sean de ánimo. Si eres buena en los quehaceres de la casa, ofrece tu ayuda para servir en esta área. Si te gusta escribir, envía una nota explicando cómo ves a Cristo obrando en la vida de esa persona).

No eres la salvadora

No puedes arreglar las situaciones. Amar a las personas que sufren nos conduce a la tentación de vernos a nosotras mismas como las salvadoras de esas personas. Pero no te necesitan a ti — necesitan a Cristo. Consolar significa redirigir a alguien para que busque lo que necesita en Cristo y no en ti. Consolar no se trata de siempre estar disponible para esa persona; se trata más bien de recordarle a alguien que Cristo siempre está disponible y dispuesto a ayudar. Esto nos libera de una carga que no podemos llevar. Nos libera para hablar la verdad y mostrar amor, pero sin sentirnos culpables por cosas que no podemos manejar ni resolver. Tú no eres la salvadora. Dios no espera que lo seas —Él ya envió a Otro para que hiciera esa labor.

Así que no tengamos temor de entrar en el dolor de otros para brindarles el consuelo del evangelio. Puede que el propósito de Dios en tus pruebas sea darte cualidades que puedan ayudar a otros a aferrarse a su Salvador en medio de sus pruebas.

Lista para ser consolada

Por supuesto, todo esto es una calle de doble sentido. Es por causa del grandioso consuelo de saber que Jesús ha resucitado y nos resucitará a nosotras también que podemos consolar a otros. Así que cuando estés sufriendo, asegúrate de permitir que ese consuelo llegue a lo más profundo de tu corazón. Predícate la verdad a ti misma. Permite que otros te la recuerden. Aunque no lo hagan justo en el momento en que hubieras querido escucharla, o de la forma en que la hubieras querido escuchar, te la recuerdan porque la creen y porque te aman.

Reflexiona

- ¿De qué manera has sido consolada por otra persona?
- Si estás pasando por una prueba, ¿tienes a alguien que pueda caminar contigo, no solo con compasión sino con sabiduría para hablarte con la verdad del evangelio? Si no es así, ¿estás dispuesta a buscar a alguien?
- ¿A quién ha puesto Dios en tu camino para que le compartas el consuelo de Cristo que has recibido, o que estás recibiendo, en medio de tu propio sufrimiento?

Ora

Padre, te doy gracias porque eres un Dios de compasión y consuelo, que nos consuela en todas nuestras aflicciones. Gracias porque Tú no desperdicias ni un solo momento de mi sufrimiento, sino que lo usas para glorificarte no solo en mi vida, sino en las vidas de los que me rodean. Ayúdame a recibir el consuelo de otros en el cuerpo de Cristo como una provisión y un regalo que proviene de Ti, y a mostrar ese mismo consuelo a aquellos que pones en mi camino. A medida que Tu gracia se extienda hacia más y más personas, te ruego que eso nos haga más y más agradecidos, para la gloria de Tu nombre. Amén.

Textos para meditar: Salmo 23:4-6; Salmo 71:20-21; Salmo 119:49-52; Mateo 5:4

Diario

CAPÍTULO DIECISÉIS

Cómo el sufrimiento te puede cambiar para bien

"Por tanto, no nos desanimamos. Al contrario, aunque por fuera nos vamos desgastando, por dentro nos vamos renovando día tras día".

2 CORINTIOS 4:16 (NVI)

Si alguien quiere correr un maratón de 42K, tiene que perseverar en su entrenamiento. Hay niños que se esfuerzan por comerse todos sus vegetales porque saben que hay helado de chocolate en el refrigerador.

La perseverancia se fundamenta en la esperanza. Perseveramos cuando creemos que lo que nos aguarda es digno de nuestro esfuerzo.

Después de hablar sobre la realidad de las dificultades terrenales en su carta a los corintios, mostrando cómo la esperanza del evangelio transforma las aflicciones del cristiano, la conclusión de Pablo es simplemente esta: "No nos desanimamos". ¡Jesús ha resucitado y va a llevarnos a Su presencia! Nuestra esperanza en Cristo es segura e inconmovible. Aquel que nos espera en gloria es digno de que luchemos hasta llegar a Su presencia.

Pero los ojos de Pablo no solo están en el futuro. Él sabe que esta perseverancia en la fe está produciendo algo muy valioso: la renovación de nuestro interior, aun cuando nuestro exterior se esté desgastando. El punto de Pablo es este: el sufrimiento puede cambiarnos para bien —ahora mismo.

¡Eso es difícil de creer! Veamos juntas Romanos 5:1-5, donde Pablo nos ayuda a entender cómo sucede esta transformación interna y dónde comienza:

Por tanto, habiendo sido justificados por la fe, tenemos paz para con Dios por medio de nuestro Señor Jesucristo, por medio de quien también hemos obtenido entrada por la fe a esta gracia en la cual estamos firmes, y nos gloriamos en la esperanza de la gloria de Dios. Y no solo esto, sino que también nos gloriamos en las tribulaciones, sabiendo que la tribulación produce paciencia (perseverancia); y la paciencia (perseverancia), carácter probado; y el carácter probado, esperanza. Y la esperanza no desilusiona, porque el amor de Dios ha sido derramado en nuestros corazones por medio del Espíritu Santo que nos fue dado (Ro 5:1-5).

La renovación comienza con el evangelio

La renovación a la imagen de Cristo comienza con el evangelio y luego sigue una progresión que va desde la perseverancia hasta la esperanza. Sin embargo, antes de ver cómo nuestro interior se renueva a través de esta progresión, el pasaje nos muestra dónde comienza esa renovación. Debemos saber hacia dónde estamos yendo, y por qué estamos yendo hacia allá, para poder entender las paradas que hay en el camino.

La perseverancia en la lucha por la fe no sucede por sí sola ni por nuestros esfuerzos, sino que es impulsada por el evangelio. Pablo nos recuerda que hemos sido justificadas por la fe en Cristo — declaradas completamente inocentes por el Juez de todas las cosas sobre la base de la vida perfecta de Cristo y de Su muerte sustitutiva. Esto significa que ahora tenemos "paz para con Dios por medio de nuestro Señor Jesucristo" y acceso a Su gracia —Su favor inmerecido— para siempre. La justicia por medio de la fe, la paz para con Dios y el acceso a Su gracia son posibles por esta gran realidad del evangelio, la cual nos llena de gozo porque nuestro futuro en la presencia de Dios es glorioso. Tenemos la garantía de que estaremos con Cristo, ¡y nuestra meta es llegar a ser como Él! "... nos gloriamos en la esperanza de la gloria de Dios".

Pero estos tesoros maravillosos no solo son para el futuro. Son para hoy. Ahora mismo, si estás confiando en Cristo, has sido justificada ante Dios. Estás en paz con el Único cuyo veredicto realmente importa. Tienes acceso, a través de la oración, al trono del universo siempre que quieras entrar.

Y esto te permite perseverar en medio del sufrimiento. Más que eso, significa que puedes ser cambiada por el sufrimiento, para bien. El evangelio nos va renovando mientras corremos y perseveramos hasta el final.

El sufrimiento produce perseverancia

Si el evangelio es el combustible para un cambio interno, el sufrimiento es el camino empinado que transitamos. El sufrimiento nos llevará a hacer una de dos cosas: a abandonar la fe o a luchar por nuestra fe. A dejarnos llevar por la desesperanza o a perseverar. El sufrimiento ejercita los músculos de nuestra fe, y el ejercicio nos fortalece a pesar de que a veces nos sentimos más débiles.

Piensa en una maratonista. Si ella quiere resistir hasta el final de la carrera, su cuerpo tiene que sufrir muchas semanas de entrenamiento. Para que sus músculos la sostengan hasta llegar a la meta, ella primero tiene que fortalecerlos, y eso implica cansancio y dolor. De manera similar, el sufrimiento hace que los músculos de nuestra fe sean probados y llevados al límite para que Dios pueda fortalecer y sustentar nuestra fe hasta el día en que estemos con Él y la fe se convierta en vista. Mientras más sufro, y mientras más veo que puedo perseverar en medio del sufrimiento (¡con gozo!), mayor es mi convicción de que Jesucristo es el autor y perfeccionador de la fe. Cuando sigo caminando a pesar de que el camino sea empinado y mi fe se sienta débil, mi fe se fortalece y aumenta mi resistencia.

Es difícil creer por fe lo que Dios ha prometido en Jesucristo cuando todo lo que podemos ver es dificultad y dolor. Es difícil confiar en que Dios es bueno y fiel cuando nuestras circunstancias parecen ser todo menos buenas. Es difícil ver nuestros obstáculos como regalos de gracia que nos hacen crecer, pero el sufrimiento produce una fe más fuerte en las promesas de Dios porque expone y nos quita esas cosas terrenales en las que depositamos nuestra confianza —todo lo que tiene que ver con nuestro "hombre exterior".

Nuestro sufrimiento también produce perseverancia cuando obedecemos a Dios. La autocompasión, la falta de contentamiento, la ira, la amargura y otros frutos pecaminosos nos tientan a desobedecer los mandamientos de Dios, a ceder a esos sentimientos y reclamar nuestro "derecho" a vivir una vida mejor. Sin embargo, cuando nos apartamos del pecado y procuramos obedecer a Dios, nuestra fe se fortalece y podemos ver las formas en que Él está obrando en nosotras.

No podemos hacer estas dos cosas en nuestras propias fuerzas. ¡Ni tampoco tenemos que hacerlo! Pablo dice que esta es la razón por la que nos ha sido dado el Espíritu Santo. Él obra en nosotras lo que no podemos hacer por nosotras mismas. El Espíritu Santo nos dio vida para que experimentemos el amor de Dios, y nos ayudará a perseverar en esta lucha hasta el final.

La perseverancia produce un carácter probado

El sufrimiento cambia al que sufre. Seguro has conocido a personas en quienes el sufrimiento ha producido dureza, enojo, timidez o amargura, pero el Espíritu Santo utiliza el sufrimiento para cambiar el carácter de los creyentes para bien. Crecemos en santidad en la medida en que perseveramos en medio del sufrimiento por el poder del Espíritu. En los próximos capítulos veremos algunos ejemplos específicos de cómo se ve esa santidad en la práctica. Por ahora, vemos que la perseverancia produce un carácter probado a medida que el Espíritu Santo derrama el amor de Dios en nuestros corazones; y el fruto del espíritu es amor, gozo, paz, paciencia, benignidad, bondad, fidelidad, mansedumbre y dominio propio (Gá 5:22-23).

Cuando el Espíritu Santo nos hace crecer internamente a través de la perseverancia, nuestro exterior se va desgastando. Aprendemos qué significa *amar* verdaderamente a Dios, en vez de amar solo lo que Él nos da. Aprendemos a experimentar *gozo* en medio del sufrimiento, en vez de buscar felicidad en placeres temporales. Aprendemos *paciencia* al sufrir por tiempos prolongados y anhelar cada vez más el regreso de nuestro Señor; *benignidad* hacia otros al servirles humildemente a pesar del dolor; *bondad* al aprender a odiar el pecado y todos sus efectos; *fidelidad* al enfocarnos en las promesas de Dios de guiarnos y sostenernos; *mansedumbre* a medida que nuestra aflicción nos enseña a consolar a otros que también sufren y a identificarnos con ellos; y *dominio propio* a medida que aprendemos a someternos humildemente a los planes amorosos de Dios para nosotros, a pesar de que no entendamos lo que está haciendo ni por qué lo hace.

El mundo y todos sus encantos se están desvaneciendo. Esto incluye nuestros cuerpos, nuestro dinero, nuestras posesiones, aspiraciones y posiciones. No podremos quedarnos con lo que ahora vemos, pero poseeremos para siempre lo que ahora no podemos ver.

estaba muy enferma y no podía ayudar a aquellos que amaba. Espero que estas palabras te animen tanto como a mí:

> *Descansa en cuanto a la obra. Es la obra de Dios, no la nuestra. ¿Acaso no puede Él hacer lo que quiera con Su propia obra —suplirla con lo que nosotras pensamos que es necesario o despojarla precisamente de eso? Sí, Él puede hacerlo. ("¿No me es lícito hacer lo que quiero con lo que es mío?")*
>
> *Señor, Tú puedes hacer lo que quieras con lo que es Tuyo. Confiamos en Ti, te amamos; la obra es Tuya, no es nuestra para nada. Solo podemos servirte según las fuerzas, sabiduría y habilidades que nos des. Si decides quitarnos estos dones y hacernos débiles, de manera que no podamos ayudar en la obra o que nuestros hijos se queden sin lo que tanto anhelamos darles, Señor, es Tu prerrogativa, no la nuestra. Hija mía, ha significado mucho para mí entender esto. No se turbe tu corazón ni tenga miedo.*

Reflexiona

- ¿De qué maneras te ha permitido Dios experimentar el desgaste de tu exterior? ¿De qué maneras lo has visto usando eso para renovar tu interior?
- Si sientes que tu vida y tus planes marchan bien, ¿estarías dispuesta a entregarle todo a Cristo en sumisión, pidiéndole que te muestre lo que Él quiere que hagas con tu tiempo, tu dinero, tu energía y tus oportunidades?
- ¿Estás desanimada? ¿Te has sentido improductiva y sin valor por alguna enfermedad, algún dolor o alguna herida? ¿Estás dispuesta a confiar hoy en que Cristo está cerca y es capaz de usar incluso nuestras más grandes debilidades para Su gloria si le entregamos todo lo nuestro en sumisión a Su voluntad? Él es fiel.

Ora

Oremos las palabras finales de la carta de Amy Carmichael:

> *"Mi Dios, te ofrezco todos mis pensamientos, mis palabras, mis acciones y mis sufrimientos en este día, para que hagas conforme a todas las intenciones de Tu divino corazón". Amén.*

Textos para meditar: Salmo 143:10; Mateo 26:42; Juan 5:30

Diario

CAPÍTULO DIECIOCHO

Dios es el gran jardinero

"Por tanto, no nos desanimamos. Al contrario, aunque por fuera nos vamos desgastando, por dentro nos vamos renovando día tras día".

2 CORINTIOS 4:16 (NVI)

Nunca olvidaré la semana en la que perdimos nuestra casa. Era la casa de la que nos habíamos enamorado cuatro años antes, y habíamos dicho que nunca nos mudaríamos. Pero ahí estábamos, teniendo que salir de ella. Algunas circunstancias que no habíamos visto venir nos forzaron a decidir qué valorábamos más en la vida, y a tomar decisiones difíciles. Trabajamos por años, ahorrando sacrificialmente para tener una casa así. Ahora pertenece a otra familia.

Pero Dios suele usar circunstancias dolorosas para guiarnos en una dirección que nunca hubiéramos escogido; ese fue el caso para nuestra familia. Aunque sentimos la pérdida, pudimos experimentar la realidad de que ningún edificio terrenal será nuestro mayor gozo ni nuestro destino final. Nuestra pérdida trajo ganancia. Y luego vino la siguiente pérdida:

> *"Sarah, agotamos todas las opciones. Tu tobillo sigue empeorándose y con el tiempo es posible que no puedas volver a apoyarlo. Para poder prolongar el uso de tu tobillo, debes evitar cualquier actividad que implique correr, saltar o tensar la pierna. Evita aumentar mucho de peso. Mientras tanto, trataremos de ayudarte a estar lo más cómoda posible".*

Esas fueron las últimas palabras que escuché del cirujano ortopédico. Tuve que pasar por tres cirugías intensas por causa de una lesión, y al parecer ya no hay esperanza de que me recupere. Había sido una atleta durante toda mi vida, y me encantaba poder jugar deportes, correr y desestresarme a través de la actividad física. Pero eso quedó en el pasado, y puede que en el futuro hasta sea incapaz de caminar con normalidad.

Cuando no entendemos lo que Dios permite

Siendo honesta, siento como si una pequeña parte de mí hubiera muerto. De alguna manera eso es lo que ha sucedido. Me entristece no poder reunirme con amigos a jugar voleibol o *softball*. Los ojos se me llenan de lágrimas cada vez que recuerdo que no puedo correr tras mis hijos o que no puedo jugar fútbol con ellos. Me desanimo cuando pienso en todas esas limitaciones y en el hecho de que aún tengo que buscar la forma de mantenerme saludable.

¿Por qué Dios permitiría esto si Él mismo me hizo una atleta y me dio el deseo de tener una vida activa con mis hijos, mi esposo y mis amigos? ¿Por qué Dios me quitaría todo eso? He luchado con el Señor por todas las cosas "buenas" que Él ha permitido que sean arrancadas de mi vida.

Puede que estés leyendo esto y que hayas perdido mucho más que yo. Tal vez has tenido que sacrificar sueños más preciosos y enfrentar peores noticias. Puede que tengas muchas más razones para sentir dolor y cuestionar. ¿A dónde deberíamos ir con ese dolor y esas preguntas? Solo Dios sabe completamente cuáles son Sus propósitos en las circunstancias que Él permite, y no siempre nos da explicaciones. Pero encontramos verdades muy útiles en las palabras que Jesús dijo a Sus seguidores unas horas antes de ser arrestado:

> *"Yo soy la vid verdadera, y Mi Padre es el labrador. Toda rama que en Mí no da fruto, la corta; pero toda rama que da fruto la poda para que dé más fruto todavía... Yo soy la vid y ustedes son las ramas. El que permanece en Mí, como Yo en él, dará mucho fruto; separados de Mí no pueden ustedes hacer nada" (Jn 15:1-2, 5, NVI).*

Dios es el gran Jardinero —y Él poda las ramas de Su vid. Ser podado es una marca de estar verdaderamente conectado a la vid, a Cristo. De hecho, una rama que no es podada es una rama que no da fruto —que está mostrando por su falta de fruto que no está conectada realmente a la vid. Si alguien no ha sido podado de ninguna manera, es posible que esa persona no esté verdaderamente en Cristo.

Por otro lado, si estamos en la vid —conectados a Cristo por la fe en Él— produciremos cada vez más fruto que refleje la imagen de Cristo. Y para ser fructíferas tenemos que ser podadas, y eso suele ser incómodo y doloroso, pues se trata del desgaste de nuestro exterior —Él corta nuestros deseos terrenales, nuestras esperanzas, expectativas y comodidades. Así que necesitamos recordar que cuando experimentamos esas pérdidas —el desgaste de nuestro exterior— siempre es para que crezcamos y demos fruto. Dios está renovando nuestro interior día a día.

Para mí es fascinante ver cómo Cristo nos enseñanza Su verdad a través de algo tan práctico como un jardinero podando su propio jardín. Aquí hay algunas razones extraídas de Garden.com de por qué una planta necesita ser podada. Estas mismas razones pueden ser conectadas fácilmente a la importancia de la obra de Dios en nuestras vidas.

Produce nuevo crecimiento

[Podar] mejora la salud general de la planta —remover tallos viejos estimula su crecimiento, y eso la mantiene joven.

Debido a que somos nuevas criaturas en Cristo, Dios nos ayuda a despojarnos de nuestra vieja naturaleza y a renovar nuestras mentes, vistiéndonos de nuestra nueva naturaleza para así reflejar más de Su imagen. A veces Dios poda ciertas cosas en nuestras vidas para producir crecimiento en áreas que descuidamos.

No escogí tener un hijo con necesidades especiales ni una familia de seis con la enfermedad de Lyme, pero Dios así lo decidió. Aunque ha sido un viaje increíblemente difícil en algunos momentos, no puedo negar que también ha sido la mayor fuente de santificación en mi vida. Por Su gracia, Dios ha usado todo esto para cambiar mi perspectiva sobre las cosas que tiendo a valorar más —mis deseos y comodidades— y me ha estado transformando para que yo pueda reflejar a Cristo y aceptar más de Sus propósitos para mí.

Redirige el crecimiento

[Podar] controla o dirige el nuevo crecimiento —cada corte detendrá el crecimiento de la planta en una dirección y lo redirigirá en otra, determinando así su forma y su tamaño.

Cuando estaba en el colegio, mi plan era usar mi talento para el atletismo, que Dios me había dado, para obtener una beca y jugar deportes en la universidad. Trabajé duro para lograr ese objetivo. Pero a través del dolor, las lágrimas y la confusión, Dios quitó ese plan y me redirigió por un camino completamente diferente. Ese nuevo camino incluía al hombre con quien me casé y a los hijos que ahora tengo, y ha producido en mí un corazón que ha aprendido más y más a valorar la rendición de mi voluntad a la Suya. Dios escogió cortar de mi vida los deportes para redirigirme, guiarme y moldearme para algo mejor.

Previene las enfermedades

[Podar] previene la propagación de enfermedades —remover ramas muertas o dañadas disminuye el riesgo de que entre alguna plaga por medio de la madera muerta y se esparza por toda la planta.

Dios nos poda para eliminar áreas de nuestra vida que están cargadas de pecado, incluyendo los pecados "aceptables" que son fáciles de ignorar, y eso hace que podamos dar un fruto más saludable. Es mejor un corte doloroso que una rama muerta.

Incrementa la cosecha

[Podar] incrementa la cantidad y la calidad del fruto, de las flores y del ramaje —podar en el momento adecuado y en los lugares adecuados puede incrementar el número de brotes que produce la planta, incrementando así la cosecha.

Dios usa Su Palabra para convencernos, enseñarnos, entrenarnos, guiarnos, animarnos y hacernos crecer en Cristo. Él nos habla y nos usa para hablar a otros con el fin de podarnos e incrementar el fruto en nuestras vidas. "Y otros son aquellos en que se sembró la semilla en tierra buena; los cuales oyen la palabra, la aceptan y dan fruto, unos a treinta, otros a sesenta y otros a ciento por uno" (Mr 4:20). Si queremos producir buen fruto en nuestras vidas, debemos llenarnos continuamente de la Palabra de Dios.

Permite que entre la luz

[Podar] mejora la circulación del aire y permite que la luz alcance las hojas que están más abajo y más hacia adentro— es importante que se recorte la planta periódicamente para mejorar la forma y la salud general de la misma.

Podemos llegar a estar tan ocupadas y cargadas con las distracciones de la vida que apenas escuchamos al Espíritu Santo cuando nos habla. Las horas que invertimos en el trabajo, las actividades a las que debemos llevar a nuestros hijos, los muchos sueños que sentimos que debemos alcanzar para ser felices, la tecnología que siempre está al alcance de la mano —esas cosas no son malas en sí mismas, pero absorben nuestro tiempo y energía. A veces Dios tiene que podarnos para volver nuestra atención hacia aquellas cosas cuyo valor no solo es mayor, sino que es eterno. Cuando Dios nos poda, usualmente revela esas cosas que suelen impedir que nuestro gozo esté en Dios.

Podadas por una temporada

Si las plantas tuvieran nervios, podarlas les causaría dolor. El que no sepa de plantas podría pensar que podarlas es perjudicial. Pero el jardinero sabe que es necesario, y que es para el bien de la planta. Dios nos ha dicho que debe podarnos para nuestro bien, y que eso producirá fruto eterno al treinta, al sesenta y al ciento por uno.

No entiendo totalmente por qué Dios me está podando de la forma en que lo está haciendo. Y no lo hubiera escogido. Algunos días lo cuestiono. Es posible que también sea tu caso. Pero tú y yo podemos confiar en que Él sabe lo que está haciendo con cada corte que hace. El Jardinero sabe cómo cuidar Sus ramas. Esa es nuestra confianza. Seremos podadas por una temporada, y disfrutaremos de los beneficios por toda la eternidad.

Reflexiona

- ¿Cómo está Dios podándote en estos momentos? ¿En qué formas está Él llamándote a someterte a Su obra?
- ¿Puedes ver cómo Dios ha usado esa poda para producir crecimiento en áreas de debilidad?
- ¿Hay alguna cosa que no estés dispuesta a entregar porque piensas que no podrías vivir sin ella? ¿Estarías dispuesta a dar el paso de fe de pedirle a Dios que pode tu vida si es lo que realmente necesitas?

Ora

Señor Dios, gracias por darme fe en Cristo para que así Él viva en mí. Por favor, ayúdame a permanecer en Él. Padre, soy tan propensa a aferrarme a las cosas de este mundo. Le temo a las interrupciones de mis sueños, comodidades, objetivos y planes. Por Tu gracia, ayúdame a creer que cuando me podas es para mi bien y no para dañarme. Por favor, ayúdame a ver cómo he crecido en esas áreas donde ya he sido podada; ayúdame a responder con fe y gozo cuando me vuelvas a podar. Permíteme experimentar el fruto y la bendición de Tu obra en mi vida para que yo pueda conocer más del gozo y la esperanza que tengo en Cristo. Amén.

Textos para meditar: Efesios 1:11-12; Salmos 138:8; Romanos 6:22

Diario

CAPÍTULO DIECINUEVE

Contentamiento durante las crisis: una oración

"Por tanto, no nos desanimamos. Al contrario, aunque por fuera nos vamos desgastando, por dentro nos vamos renovando día tras día".

2 CORINTIOS 4:16 (NVI)

Oh Señor, por años he pedido en oración respuestas, entendimiento y sanidad de este sufrimiento que Tú has permitido. Sin embargo, no han venido. Muchos han orado a Ti intercediendo por nosotros, mientras nosotros anhelamos la restauración de lo que se ha perdido. Por Tu gracia, hemos perseverado prueba tras prueba, confiando en que Tú nos sostendrás y traerás bien de todo este dolor.

Pero muchas respuestas que hemos esperado no han venido de la forma en que hemos deseado. Las soluciones del mundo para nuestro dolor nos han dejado desanimados, confundidos y luchando contra la desesperanza cuando las pruebas, las cargas, las preguntas y las incertidumbres siguen igual.

Señor, he deseado y te he rogado que nos quites el peso del dolor y de las pruebas, y que nos lleves a un lugar de abundancia. Te he pedido que levantes esas cargas que nos aplastan y que nos lleves a través de esas fuertes olas y del fuego abrazador que amenaza con consumir nuestra esperanza, nuestro testimonio y nuestras vidas.

Sin embargo, lentamente he empezado a darme cuenta de que mi deseo por tener respuestas ha hecho que me pierda de algo mucho más maravilloso. Tú has respondido mis oraciones —aunque en formas diferentes a las que esperaba. Has estado cerca, obrando profunda e íntimamente en nuestros corazones, pues hemos dejado a un lado nuestras esperanzas y deseos terrenales. Aunque has escogido no eliminar el dolor y las circunstancias abrumadoras de nuestras vidas, has hecho algo más grande. Nos has guiado a un lugar de abundancia, de contentamiento, de libertad. No es el tipo de descanso que he estado esperando, pero me has dado paz en medio de las pruebas que tanto deseaba que eliminaras.

Señor, pienso que me has estando enseñando que el contentamiento sucede en la presencia de Cristo, no en la ausencia del dolor:

> *Porque Tú nos has probado, oh Dios;*
> *nos has refinado como se refina la plata.*
> *Nos metiste en la red;*
> *carga pesada pusiste sobre nuestros lomos.*
> *Hiciste cabalgar hombres sobre nuestras cabezas;*
> *pasamos por el fuego y por el agua,*
> *pero Tú nos sacaste a un lugar de abundancia (Sal 66:10-12).*

Una gran parte de mí quiere pelear en contra de lo que Tú has estado permitiendo. Mi espíritu quiere conocerte profundamente y amarte más que a este mundo, pero al mismo tiempo mi naturaleza desea comodidad, entendimiento y el cumplimiento de las esperanzas y deseos que tengo para mi vida. Pero es por Tu gracia, Padre, que has permitido que continúen estas pruebas, e incluso que aumenten, para que yo vea que solo puedo hallar gozo, paz, descanso, esperanza, contentamiento y satisfacción en Tu Hijo. Aunque el desánimo, la pérdida y el dolor son reales, los tesoros que estás revelando en medio de ellos son mucho más grandes. Lo sé aunque no lo sienta. Así que, Padre, ayúdame a perseverar.

> *Vengan y oigan, todos los que temen (reverencian) a Dios,*
> *Y contaré lo que Él ha hecho por mi alma (Sal 66:16).*

Oh Señor, mi Salvador, me has enseñado a aferrarme a Ti con esperanza. Una vez amé este mundo y viví como si pudiera determinar su curso, pero me amaste lo suficiente como para tomarme y pasarme por el fuego refinador de la aflicción. Aunque este mundo siempre está tratando de atraerme, me has permitido experimentar decepciones, esperanzas vacías y pérdidas de comodidades temporales para que disminuya mi amor por esas cosas terrenales y aumente mi amor por Ti.

Pero suelo sentirme débil. Quisiera estar más firme y ser libre de la ansiedad y de la resistencia a Tu voluntad. Pero gran parte del tiempo no lo soy. Las decepciones aún me inquietan, el dolor aún nubla los lentes de la verdad, la pérdida aún me causa desánimo y la muerte de mis esperanzas terrenales se siente como la muerte de todo. ¿Cómo puedo no perder la esperanza? ¿Cómo puedo hablar de lo que Tú estás haciendo en mi interior en vez de lamentarme por el desgaste de mi exterior?

> *Al de firme propósito guardarás en perfecta paz,*
> *porque en Ti confía.*
> *Confíen en el Señor para siempre,*
> *porque en Dios el Señor, tenemos una Roca eterna (Is 26:3-4).*

Señor Dios, Tú eres mi Roca eterna. Ayúdame a vivir con esa verdad en mente. Ya sea que esté en un lugar de comodidad o que sea sacudida por las olas, mi paz permanece firme en Ti. Sé que no puedo hacerlo sin Ti. Mi mente es demasiado rápida para divagar y mi corazón es demasiado pronto para dudar. Guárdame en este lugar de confianza silenciosa y ancla mi contentamiento en Ti.

Oh cuán agradecida estoy por lo que has hecho en mi corazón. Mucho de lo que he temido se ha convertido en realidad y, sin embargo, Tú no has desperdiciado ni un solo momento de todo ello. Has permitido la pérdida de mis esperanzas y expectativas para abrir mis ojos y mostrarme cuán superficiales y temporales son. Aunque he muerto día a día a mi amor por este mundo y a mi deseo por comodidad, alegría temporal y control, al mismo tiempo he experimentado satisfacción y gozo simplemente por confiar en Tu carácter y en Tu verdad. Solo Tú has hecho esto.

Pero Tú me conoces, Señor. Sabes que me engañaría a mí misma si dijera que ya no tengo miedo. El miedo y la ansiedad han sido amigos cercanos pero indeseables. Los últimos diez años de pruebas constantes me han dado toda razón terrenal para estar ansiosa y tener miedo. ¿Será que algún día mi familia y yo estaremos sanos de este lado del cielo? ¿Será que alguna vez podré cuidar de mi familia con fuerza y energía de la forma en que quisiera hacerlo? ¿Será que mi matrimonio podrá soportar el peso y el estrés de las luchas diarias? ¿Será que la decisión de dejar la comodidad financiera valió la pena? ¿Seremos libres algún día del dolor de la enfermedad de mis hijos y de los efectos que ha tenido dentro de nuestra familia? ¿Cuánto más podremos soportar las cargas financieras que continúan sumándose sobre nosotros? ¿Qué sigue? ¿Qué tal que llegue a un punto de quiebre en el que no pueda soportar nada más?

> *Porque así ha dicho el Señor Dios, el Santo de Israel:*
> *"En arrepentimiento y en reposo serán salvos;*
> *En quietud y confianza está su poder"* (Is 30:15).

No sé las respuestas a estas preguntas. Supongo que me estás enseñando que realmente no necesito saberlas. Creo que he estado aprendiendo a pedirte que aquietes mi corazón y me enseñes a descansar. Supongo que me has estado enseñando a buscar contentamiento en Ti, ahora y en las pruebas, en vez de asumir que solo puedo tenerlo si desaparecen las dificultades.

Padre, ayúdame a dejar de buscar la luz al final del túnel y a comenzar a buscar la luz que hay en Ti. Porque sé que este lugar de contentamiento, de verdadero descanso y de confianza en Tu presencia es un lugar precioso. Me libera de la ansiedad de tratar de salvarme a mí misma de las circunstancias que no puedo controlar por mi falta de poder y sabiduría. Me libera de tratar de darle sentido al desánimo, al dolor y a la pérdida en este mundo afectado por el pecado. Y me libera de caer en las trampas de la duda y la amargura, de siempre estar pensando: "¿Y si...?" o "Si tan solo...".

Padre, por favor dame la gracia para perseverar. Ayúdame a aceptar lo que Tú has permitido y a confiar en Tu fiel provisión, en vez de enfocarme solamente en Tu habilidad para rescatarme de este dolor. Algunos días me obsesiono con la idea de escapar y me olvido de Tus promesas. Aquieta mi corazón ansioso y lléname, Jesús, de manera que no desee otra cosa más que a Ti. Como dijo Tu siervo David:

> *Como con médula y grasa está saciada mi alma;*
> *y con labios jubilosos Te alaba mi boca.*
> *Cuando en mi lecho me acuerdo de Ti,*
> *en Ti medito durante las vigilias de la noche.*

Porque Tú has sido mi ayuda,
y a la sombra de Tus alas canto gozoso.
A Ti se aferra mi alma;
Tu diestra me sostiene (Sal 63:5-8).

Por favor hazme capaz de decir esto y de realmente creerlo y experimentarlo. ¡Escóndeme bajo la sombra de Tus alas! Cuando ya no pueda más, sostenme con Tu diestra. Esta es mi oración —que mi alma esté satisfecha y te alabe con labios gozosos todos los días de mi vida, aun cuando el dolor permanezca.

Señor, Tú puedes cambiar mis circunstancias en un momento si decidieras hacerlo. Puedes restaurar mi salud, sanar a mis hijos, liberar a mi hijo de su esclavitud a la enfermedad, remover el dolor y la confusión de mis otros hijos, restaurar la casa y la estabilidad financiera que tuvimos que dejar, y proveer las respuestas por las que tanto he orado. Pero por ahora has decidido no hacerlo. Señor, no desperdicies ni un solo momento de nuestro dolor. No me dejes enfocarme en mis deseos y en querer cambiar mis circunstancias, sino ayúdame a buscar y descansar en Tu provisión, guía, cercanía y en Tus buenos propósitos para mí en el momento y el lugar donde me has puesto. Confío en que este viaje por el desierto será lo que me permitirá ver claramente Tu fiel provisión y cercanía.

Padre, cuánto anhelo que llegue el día en que regrese nuestro Salvador y ya estemos en Tu presencia por la eternidad. Mientras tanto, ayúdame a encontrar descanso aquí y ahora. Tú eres mi lugar de abundancia, y en Ti hay contentamiento, libertad, descanso, paz, esperanza y gozo —aun cuando estas olas nos golpeen y el fuego nos amenace. Tú eres mi Roca. Por favor, sé mi Roca. Gracias. Amén.

Reflexiona

- Si has experimentado largas temporadas de sufrimiento, ¿puedes ver algunas formas en las que el Señor te ha hecho crecer y te ha acercado a Él a través de esos tiempos?
- ¿Crees que es posible estar contenta donde Dios te ha puesto, aunque sigas orando para que las circunstancias mejoren?
- ¿Encuentras satisfacción en conocer a Cristo o necesitas algo más para ser feliz? ¿Crees que el Señor sabe lo que necesitas, y que tiene la capacidad y el deseo de proveerlo?

Ora

Toma unos minutos para escribir tu propia oración al Señor. Sé honesta con Él respecto a tus temores, tus preguntas, tus luchas, tu pecado, tus dudas y tus deseos. Medita en las promesas del Señor y en Su carácter, y dale las gracias porque Él es fiel y no cambia. Luego pídele que te ayude a descansar en esas verdades, y entrégale tus preguntas y tus pruebas confiando Su plan bueno y amoroso.

Textos para meditar: 2 Corintios 12:10; 1 Timoteo 6:6-7; Hebreos 13:5

Diario

CAPÍTULO VEINTE

Catorce razones para alabar a Dios en medio de las pruebas

"Por tanto, no nos desanimamos. Al contrario, aunque por fuera nos vamos desgastando, por dentro nos vamos renovando día tras día".

2 CORINTIOS 4:16 (NVI)

En una temporada de terrible dificultad, mientras vivía en una ciudad lejos de casa, recuerdo haber luchado con el mandato bíblico de gozarnos en el Señor siempre. Fue el tiempo en el que empecé a tener dolor crónico, apenas tenía dinero para pagar las cuentas, estaba a trece horas de distancia de las personas que amaba, y no tenía ninguna expectativa para el futuro. Cada vez que trataba de orar, solo me salían lágrimas.

Un día hablaba con una amiga por teléfono, y después de escuchar sobre mi angustia me desafió con gentileza: "¿Qué tal si en vez de tratar de buscarle el sentido a todo, y de tratar desesperadamente de escapar de tu realidad, te enfocas en adorar al Señor por quien es Él y por todo lo que ha hecho?".

Su consejo parecía inútil. Me preguntaba: "¿Cómo me podría ayudar la adoración?". Adorar al Señor no solo parecía inútil, sino que también me hacía sentir como una hipócrita porque me estaba costando creer que Él era bueno. No tenía ganas de adorarle.

A pesar de ello, decidí que durante los tres días siguientes trataría de adorar a Dios en voz alta o en mi corazón usando Su Palabra. Trataría de darle gracias y de alabarle, aunque solo tuviera ganas de angustiarme, llorar y dudar.

Para mi completa sorpresa, hizo una enorme diferencia. Me resulta difícil describir la experiencia, pero fue como si me hubieran sacado de la densa y pesada nube de mis circunstancias para ver a mi Dios más claramente y aferrarme con más firmeza a las promesas de Su evangelio. Adorar a Dios en medio del sufrimiento es difícil. Pero cuando estamos sufriendo, adorar a Dios es precioso. Nos recuerda que Él es mucho más poderoso que nuestra dificultad, que Él reina sobre todas las cosas y que Él nunca cambia, a pesar de que cambien nuestras circunstancias.

Tener una actitud de adoración no significa que nunca deberíamos clamar a Él en medio de nuestro sufrimiento, ni que deberíamos reprimir nuestras preocupaciones, nuestro llanto o nuestras dudas. Orar honestamente a Dios y adorarle en medio del sufrimiento no son acciones mutuamente excluyentes. Vemos ambas cosas a lo largo de la Escritura. ¡Las necesitamos las dos!

La Escritura está saturada de razones para adorar a Dios en medio de la dificultad, pero ahora nos vamos a enfocar en el Salmo 40. Aquí David nos da catorce razones para adorar a Dios.

1. Dios nos oye

Esperé pacientemente al Señor,
y Él se inclinó a mí y oyó mi clamor (Sal 40:1).

Dios no es indiferente ni distante. Él es nuestro Padre, está cerca de nosotras y nos ha acercado a Él a través de la muerte de Su Hijo en nuestro lugar. Así que Él está atento e involucrado cuando Sus hijos le hablan.

Oh Señor, ¡Tú has oído mi clamor! No has apartado Tu rostro de mí, sino que me has oído por causa de Jesús.

2. Dios nos rescató de la muerte

Me sacó del hoyo de la destrucción, del lodo cenagoso;
asentó mis pies sobre una roca y afirmó mis pasos (v 2).

Dios nos ha librado de la destrucción de nuestras almas —una eternidad en el infierno— y nos ha resucitado de la muerte a la vida en Jesucristo, nuestra Roca inconmovible de salvación.

¡Yo sé que me escuchas porque me rescataste de la condenación! Me salvaste de la destrucción de mi alma, y decidiste hacerme parte de Tu familia, declarándome Tuya.

3. Dios nos da gozo y paz

Puso en mi boca un cántico nuevo,
un canto de alabanza a nuestro Dios.
Muchos verán esto, y temerán y confiarán en el Señor (v 3).

El resultado de lo que Dios ha hecho por nosotras en Cristo nuestro Señor es razón para sentir gratitud, gozo y paz. Siempre tendremos una canción que cantar si confiamos en el Señor.

Antes era Tu enemiga, y mi alabanza era para el mundo y todos sus tesoros temporales, pero ahora me has dado un nuevo corazón y has puesto una nueva canción en mi boca que proclama Tus alabanzas.

4. Dios nos satisface

Cuán bienaventurado es el hombre
que ha puesto en el Señor su confianza,
y no se ha vuelto a los soberbios ni a los que caen en falsedad (v 4).

Los problemas nos tientan a buscar ayuda, fuerza y esperanza en nosotras mismas o en el mundo. Pero no hay bien terrenal que pueda satisfacer esos anhelos eternos. Solo un Dios infinito puede darnos todo lo que realmente necesitamos.

Soy bendecida en Cristo. No necesito buscar satisfacción en mí misma, en las posesiones ni en alguna posición. Confío en que solo Tú puedes saciarme.

5. Dios cuida de nosotras

Muchas son, Señor, Dios mío, las maravillas que Tú has hecho,
y muchos Tus designios para con nosotros;
nadie hay que se compare contigo;
si los anunciara, y hablara de ellos,
no podrían ser enumerados (v 5).

Dios es poderoso, asombroso e infinito; nosotras somos débiles, pecadoras y temporales. Es maravilloso que un Dios tan glorioso cuide de nosotras —¡y de una forma tan abundante!

Dios asombroso, ¡nadie se puede comparar contigo! ¿Quién soy, Señor, para que te acuerdes de mí, me cuides y obres para mi bien? No merezco nada, pero Tú me has dado abundancia en Ti.

6. Dios nos ha hecho justas

Sacrificio y ofrenda de cereal no has deseado;
me has abierto los oídos;
holocausto y ofrenda por el pecado no has pedido (v 6).

Jesús se hizo pecado por nosotras, para que pudiéramos tener Su justicia. Dios no requiere un sacrificio por nuestro pecado porque Cristo se entregó por nosotras.

¡Te alabo porque por gracia me has declarado justa en Jesús! Gracias porque Tu Hijo estuvo dispuesto a llevar mi pecado en la cruz.

7. Dios nos dio un nuevo corazón

Por eso dije: Aquí me tienes
—como el libro dice de mí—.
Me agrada, Dios mío, hacer tu voluntad;
tu ley la llevo dentro de mí" (vv 7-8, NVI).

Antes odiábamos la ley de Dios y no podíamos obedecerla, pero ahora Él nos ha dado el deseo y el poder para hacer Su voluntad. Su ley ha sido escrita en nuestros corazones de carne por Su Espíritu Santo.

Dios, me has dado un nuevo corazón que es sensible a Ti y te teme. ¡Ahora Tu Palabra y Tus caminos son mi deleite!

8. Dios nos ha hecho mensajeras del evangelio

He proclamado buenas nuevas de justicia
en la gran congregación;
no refrenaré mis labios,
oh Señor, Tú lo sabes (v 9).

Ahora tenemos buenas noticias que compartir con otros; tanto para los que necesitan crecer en su aprecio por el evangelio, como para aquellos que aún no lo aprecian.

Gracias porque me has dado el privilegio de compartir el poderoso evangelio con otros y así ser parte de Tu gran obra de salvación.

9. El amor fiel de Dios nunca cambia

No he escondido Tu justicia dentro de mi corazón;
he proclamado Tu fidelidad y Tu salvación;
no he ocultado a la gran congregación
Tu misericordia y Tu fidelidad (v 10).

Somos salvas porque Dios nos amó primero y es fiel en sostenernos. Salvarnos no fue un deber, ¡sino un deleite para Él!

¡Eres fiel y Tu amor es inalterable! Fueron tu fidelidad y tu amor lo que te motivaron a salvarme. Me rescataste porque te deleitaste en mí.

10. Dios es misericordioso

Tú, oh Señor, no retengas Tu compasión de mí;
Tu misericordia y Tu fidelidad me guarden continuamente (v 11).

Dios promete completar lo que comenzó en nuestra salvación. Por Su misericordia, aun cuando pequemos, nos guardará en Su amor ahora y hasta la eternidad.

Dios asombroso, Tu misericordia es maravillosa, y cubre todo mi pecado. Tú preservas mi fe, a pesar de que lucho con la desesperanza, la autocompasión, el orgullo, la amargura y la falta de contentamiento.

11. Dios nos mantiene cerca

Porque me rodean males sin número;
mis iniquidades me han alcanzado, y no puedo ver;
son más numerosas que los cabellos de mi cabeza,
y el corazón me falla (v 12).

Es bueno que nuestros corazones nos fallen, pues solo así recordamos que nuestro Dios infalible es el único que puede sostenernos, fortalecernos y proveer para nuestras necesidades.

A veces mis pruebas y mi pecado parecen demasiado pesados para yo llevarlos, pero es bueno que mi corazón me falle, pues así puedo ver más claramente mi necesidad de Ti. ¡Gracias Señor!

12. Dios es el Juez perfecto

Por favor, Señor, ¡ven a librarme!
¡Ven pronto, Señor, en mi auxilio!
Sean confundidos y avergonzados
todos los que tratan de matarme;
huyan derrotados

todos los que procuran mi mal;
que la vergüenza de su derrota
humille a los que se burlan de mí (vv 13-15, NVI).

¡Qué gran consuelo es que el Juez justo de toda la tierra es también el Salvador de pecadores! Podemos dejar nuestras dificultades en Sus manos porque Él juzga justamente y hará lo correcto.

Tú peleas por mí, oh Señor Jesús, y me liberas del enemigo de mi alma. Has avergonzado al maligno derrotándolo en la muerte, y un día lo eliminarás para siempre.

13. Dios es la fuente del verdadero gozo

Regocíjense y alégrense en Ti todos los que Te buscan;
que los que aman Tu salvación digan continuamente:
"¡Engrandecido sea el Señor!" (v 16).

El gozo se encuentra en Él, no en nuestra fuerza de voluntad para ser felices o nuestra capacidad de sacarle provecho a los problemas. Somos capaces de regocijarnos porque el Señor es grande y porque Él ha saciado nuestro más grande anhelo eterno a través de la salvación.

¡Me regocijo en quien eres! Me has dado más en Ti mismo de lo que podría desear o necesitar. Tú dices que si te busco, te voy a encontrar, porque me has amado primero.

14. Dios nos ayudará

Por cuanto yo estoy afligido y necesitado,
el Señor me tiene en cuenta.
Tú eres mi ayuda y mi libertador;
Dios mío, no te tardes (v 17).

Dios no solo nos libera de nuestros pecados pasados y nos garantiza un futuro con Él, sino que promete sostenernos en el presente.

Su Espíritu siempre está con nosotras para ayudarnos a través de las dificultades.

Realmente estoy afligida y necesitada. Pero Tú lo sabes y te importa, oh Señor. No tardes en transformar este sufrimiento en bien, y en un día acabar con él por completo. ¡Ayúdame, Dios! ¡Ven, Señor Jesús!

Razones para adorarle

Es posible alabar al Señor en la oscuridad. Y es al alabarle que Él va renovando nuestro interior. Para poder alabarle, lo mejor que puedes hacer es pedirle que te ayude, y luego abrir Su Palabra y comenzar a leer. ¡Siempre encontrarás razones para alabarle!

Reflexiona

Si no lo has hecho aún (¡e incluso si lo has hecho!), podrías usar estas catorce oraciones cortas para orar a Dios y alabarle.

Ora

Señor todopoderoso, ¡realmente quiero alabarte! ¡Quiero enfocar mi mente en todo lo que eres, y en todo lo que has hecho! Ayúdame. Alza mis ojos para que yo deje de ver la dificultad de las circunstancias y pon alabanzas en mi boca. Dame el poder y la fuerza para fijar mis ojos en Ti. Tú eres digno, Señor, de toda mi alabanza, y sé que no te alabo como debería. Pero quiero hacerlo, realmente quiero hacerlo. Te amo, Señor. Amén.

Textos para meditar: Salmo 107; Salmo 145

Diario

CAPÍTULO VEINTIUNO

Viviendo para lo que no se ve

"Pues esta aflicción leve y pasajera nos produce un eterno peso de gloria que sobrepasa toda comparación, al no poner nuestra vista en las cosas que se ven, sino en las que no se ven. Porque las cosas que se ven son temporales, pero las que no se ven son eternas".

2 CORINTIOS 4:17-18

Recientemente le pregunté a tres de mis hijos qué se imaginaban cuando pensaban en el cielo. Mi hijo de siete años respondió: "Estoy seguro de que habrá calles de oro y bizcochitos... muchos bizcochitos". (En su defensa, él no puede comer gluten, lácteos ni maíz, así que no puedo culparlo por soñar con que habrá bizcochitos).

Mi hija de cinco años lo pensó por un momento y respondió: "No estoy segura, pero creo que habrá botes y playas". (Creo que ella asocia el cielo con la Florida, pero por lo menos se imagina algo hermoso).

Mi hijo de tres años solo me miró con cara de confusión y dijo: "¿Eh?".

Recuerdo tener pensamientos similares sobre el cielo cuando era niña. Me imaginaba un lugar donde disfrutaríamos de las cosas que más nos gustaran, flotaríamos en el cielo y nos uniríamos al coro de ángeles. Suena maravilloso (a menos que no puedas cantar), pero para ser honesta, las cosas tangibles de la tierra eran mucho más seductoras.

Nuestra idea del futuro nos espera

Muchas de las luchas que tenemos en esta vida se magnifican por tener una idea tan pobre de nuestro futuro. Una perspectiva distorsionada de la eternidad hace que nuestras vidas se sientan mucho más importantes de lo que son, y que nuestros sufrimientos nos parezcan consumidores, desastrosos e inútiles. Nos enfocamos solo en el presente, planeando, soñando y trabajando para alcanzar nuestros objetivos. Creemos que hallaremos satisfacción a través de nuestros talentos, nuestros logros, nuestras relaciones personales y nuestros actos de moralidad, lo que al final nos llevará a sentirnos contentas con los placeres temporales de este mundo, o miserables y sin esperanza cuando la vida no vaya como esperábamos.

Nuestra perspectiva de la eternidad cambia nuestro modo de ver el presente. Si queremos experimentar gozo en medio de las pruebas que enfrentamos hoy, tenemos que comenzar a emocionarnos por el "eterno peso de gloria" que está por venir. Y esa sola frase que usa Pablo para describir la eternidad con Cristo debería ser suficiente para llenarnos de emoción.

Eterno

¿Alguna vez te detienes a pensar en las increíbles realidades de la vida eterna? Cada día hay un mañana, y ese mañana nunca traerá decepción ni muerte. No tendremos temor del futuro ni tendremos que esforzarnos por cuidar de algo que se pueda perder. Solo habrá gozo en conocer que el mañana es tan seguro como el hoy.

Me resulta difícil entenderlo. Lo que tú y yo hemos experimentado aquí es la incertidumbre en cuanto a lo que podría traer el mañana, la realidad de que muchas de nuestras expectativas no se han cumplido, perplejidad ante circunstancias que no podemos entender, la lucha contra nuestros cuerpos debilitados, y la certeza de que algún día vamos a perder esas cosas que amamos. Todo en esta tierra tiene una fecha de expiración —excepto nuestras almas. Pero un día esas luchas y esfuerzos llegarán a su fin. Ya no habrá incertidumbre ni mortalidad. Para aquellos que están en Cristo, la eternidad con nuestro Salvador será más dulce porque habremos probado la amargura de esta tierra. Fija tus ojos en la eternidad que se te ha prometido. Eso le da perspectiva a tu presente. ¡Esta vida es un soplo comparada con la eternidad! Puede que no se sienta así ahora mismo, pero esta vida es "pasajera", y nuestras aflicciones también.

Glorioso

La gloria de Dios es el resplandor de Su santidad y de Sus muchas perfecciones, las cuales son infinitamente dignas y valiosas (John Piper, desiringgod.org/interviews/what-is-god-glory).

Sin la sangre purificadora de Cristo no podríamos estar ante la santidad de Dios y Su infinita perfección —Su gloria. Esa es la razón por la que el pueblo de Dios en el Antiguo Testamento veía el mero pensamiento de la gloria de Dios como algo increíblemente atractivo, y aterrador a la vez. Pero ni siquiera el pueblo de Dios podía verla en su plenitud y vivir. Moisés, una de las figuras más sobresalientes en el Antiguo Testamento, solo pudo tener un vistazo de esa gloria:

> *Y el Señor respondió a Moisés: "También haré esto que has hablado, por cuanto has hallado gracia ante Mis ojos y te he conocido por tu nombre". Entonces Moisés dijo: "Te ruego que me muestres Tu gloria". Y el Señor respondió: "Yo haré pasar toda Mi bondad delante de ti, y proclamaré el nombre del Señor delante de ti. Tendré misericordia del que tendré misericordia, y tendré compasión de quien tendré compasión". Y añadió: "No puedes ver Mi rostro; porque nadie me puede ver, y vivir". Entonces el Señor dijo: "Hay un lugar junto a Mí, y tú estarás sobre la peña; y sucederá que al pasar Mi gloria, te pondré en una hendidura de la peña y te cubriré con Mi mano hasta que Yo haya pasado. Después apartaré Mi mano y verás Mis espaldas; pero Mi rostro no se verá" (Éx 33:17-23).*

Moisés deseaba ver la gloria de Dios, pero no hubiera sido capaz de soportar toda su magnitud. Así como no podía fijar sus ojos sobre el sol, poco más de un vistazo de esa gloria lo habría dejado ciego —muerto, en realidad.

Pero la eternidad será gloriosa. Estará llena de la luz deslumbrante de la gloria de Dios —y, habiendo sido perdonada, purificada por el Hijo y perfeccionada por el Espíritu, ¡entrarás por las puertas del cielo y podrás contemplar esa gloria! ¿Puedes imaginarte estar con Dios y vivir con Él cara a cara sin temor? El Dios del universo que creó los cielos y la tierra, que nos creó a ti y a mí íntimamente, y que sostiene todas las cosas, morará entre nosotros. Podremos tocarlo, verlo, hablar con Él y adorarlo sin vergüenza, sin pecado y sin temor. Nuestra fe finalmente se convertirá en vista y entraremos a la indescriptible gloria de Dios y a la preciosa presencia de Cristo —el lugar para el cual fuimos creadas. ¡Qué futuro eterno tan glorioso el que nos espera!

Sobrepasa toda comparación

Nuestro futuro es eterno y glorioso, así que no se puede ni comparar con nuestro presente. Este peso de gloria es mucho más grande en valor y dignidad que cualquier cosa que hayamos experimentado en esta vida —desde nuestros más grandes gozos hasta nuestras más profundas tristezas. Perseveramos en nuestros sufrimientos porque son parte de lo que produce en nosotras ese eterno peso de gloria que sobrepasa toda comparación. Podemos —y deberíamos— anhelar fervientemente ese día en que cada una de nosotras podrá mirar hacia atrás y decir: "¡Pablo tenía razón!". Nada —ningún placer ni dolor en esta vida pasajera— puede compararse con estar en casa junto a mi Salvador, viviendo en la plenitud de ser todo lo que Dios me creó para ser, y disfrutando de Su eterna y preciosa presencia.

Ver la eternidad cambia la forma de ver el sufrimiento

Por supuesto, hoy nuestro sufrimiento no parece ser nada leve ni pasajero. Nuestra perspectiva terrenal y limitada nos hace pensar que nuestro sufrimiento es pesado, interminable y que afecta absolutamente todo. Sin embargo, aquí está el tesoro de la gracia de Dios en medio del sufrimiento: el sufrimiento no solo es una de las herramientas más poderosas de Dios para transformarnos a la imagen de Cristo, sino que además nos despierta al dolor del pecado y mueve nuestros corazones a desear algo mayor, algo permanente. Por Su gracia, Él usa nuestro sufrimiento para que no nos quedemos en el ahora, sino que nos aferremos a la esperanza del futuro. Esta gracia disfrazada comienza a despegarnos de la vida cómoda que tanto queremos tener y a mostrarnos la esperanza vivificadora del evangelio.

Así que independientemente de lo que estés enfrentando hoy, procura "no poner [tu] vista en las cosas que se ven, sino en las que no se ven". Cuando te cueste ver más allá de tus circunstancias inmediatas, recuerda las tres promesas que hemos visto en esta frase que describe nuestro futuro: Eterno. Glorioso. Sobrepasa toda comparación. Medita en estas palabras y pídele al Señor que te dé una perspectiva bíblica de la eternidad para que los altos y los bajos de esta vida se vean pequeños comparados con nuestro glorioso futuro.

Eterno. Glorioso. Sobrepasa toda comparación. ¡Ese futuro es infinitamente mejor que los bizcochitos y las playas!

Reflexiona

- Cuando piensas en el cielo ¿qué te viene a la mente? ¿Anhelas el cielo solo para ser liberada del dolor? ¿O ves que Cristo ha puesto en ti un deseo de estar con Él sobre todas las cosas?
- ¿Tu sufrimiento ha incrementado tu anhelo por las cosas de valor eterno o ha creado dureza y amargura en tu corazón? ¿Estarías dispuesta a pedirle a Cristo que ablande tu corazón y abra tus ojos para que puedas ver lo incomparable que es el tesoro de una vida eterna con Él?
- Si eres cristiana, ¿cómo cambiaría tu forma de percibir tus circunstancias si comenzaras a la luz del futuro que se te ha prometido —ese que es eterno, glorioso y que sobrepasa toda comparación?

Ora

Padre celestial, hay días en los que el sufrimiento en mi vida parece ser demasiado fuerte para soportar. Me cuesta ver más allá de todo el dolor y el desánimo. Y me resulta muy difícil creer que estos problemas son leves y pasajeros. No los siento así, Padre. Por favor, muéstrame el futuro que has preparado para mí, ese que me tienes reservado para después de que haya caminado aquí por fe en Tu Hijo. Por favor, dame una visión más grande de la vida en Tu eterna, gloriosa e incomparable presencia. Te ruego que eso cambie mi perspectiva de mis dificultades y mis gozos presentes. Dame de Tu fuerza, Señor, para que hoy yo pueda ver más allá del momento y descansar en la esperanza de la eternidad. Amén.

Textos para meditar: Salmo 25:8-9; Lucas 18:29-30; Apocalipsis 22:4-7

Diario

CAPÍTULO VEINTIDÓS

Aún no hemos llegado

"Así que no nos fijamos en lo visible, sino en lo invisible, ya que lo que se ve es pasajero, mientras que lo que no se ve es eterno".

2 CORINTIOS 4:18 (NVI)

Sabemos hacia dónde vamos. Nos espera una herencia gloriosa. Un día este mundo pasará, y veremos lo que ahora no podemos ver —finalmente será nuestra por vista, no por fe.

Pero ese día no ha llegado. Somos creyentes, pero hay distracciones en todas partes, el pecado corre desenfrenado y el mal parece tener la delantera. Nuestro amor por Jesús es inconstante, como también lo son nuestros deseos de escucharle y de hablar con Él. Realidades que parecen más urgentes, placenteras e importantes roban nuestra atención, de manera que ponemos nuestra mirada en las ganancias terrenales y en la comodidad inmediata. Deseamos esas cosas. Pero también vemos violencia, injusticia y sufrimiento. Y le tememos a esas cosas.

Nuestras aflicciones terrenales apuntan a nuestro problema más profundo, lo que Pedro dice que "[combate] contra el alma" (1P 2:11). El sufrimiento suele ser una especie de lente que magnifica nuestras "pasiones carnales" o deseos egoístas. En la aflicción podemos ver nuestro pecado más claramente porque el sufrimiento expone nuestro orgullo, nuestra ira, nuestro egoísmo y nuestra vergüenza. Sin embargo, en otro sentido, el sufrimiento nos ciega ante el pecado porque se convierte en una excusa para entregarnos a nuestras pasiones egoístas, y podemos engañarnos a nosotras mismas pensando que si tan solo el dolor nos fuera quitado, nos comportaríamos de una forma más piadosa.

Kari es una querida amiga mía que ha tenido que luchar con la dificultad de perder repentinamente la audición. Una vez la escuché decir: “El pecado siempre será mi lucha más grande”. Esa declaración es asombrosa cuando la dice una mujer que ya no puede escuchar sin un audífono. ¡¿Cómo puede decir algo así?!

Pero Kari no podía tener más razón. Ella ve más allá de la realidad visible, enfocándose en lo invisible. Ella sabe que hay una guerra en su corazón, una batalla contra el pecado que debe librar con su mirada puesta en su Señor y Salvador, caminando por fe hacia el futuro eterno que Él ha ganado por ella.

Si el pecado es real y estas realidades son verdad, entonces ¿cómo podemos ver las cosas que no se ven? ¿Cómo mantenemos nuestros ojos fijos en Jesucristo mientras estamos en este mundo pecaminoso?

Pedro aborda estas preguntas en su primera carta a iglesias cristianas que estaban siendo difamadas y calumniadas por causa de su fe. En un tiempo en el que la presión y persecución eran cada vez mayores, Pedro los llama a que pongan los ojos de la fe en su Señor.

> *“Por tanto, preparen su entendimiento para la acción. Sean sobrios en espíritu, pongan su esperanza completamente en la gracia que se les traerá en la revelación (la manifestación) de Jesucristo. Como hijos obedientes, no se conformen a los deseos que antes tenían en su ignorancia, sino que así como Aquel que los llamó es Santo, así también sean ustedes santos en toda su manera de vivir. Porque escrito está: “Sean santos, porque Yo soy santo” (1P 1:13-16).*

Piensa en Quién viene

Tu mente es un regalo poderoso que Dios te ha dado. Por eso Pedro aborda el tema de la mente respecto a ver las cosas que no se ven. Otra traducción del versículo 13 dice: “... ceñid los lomos de vuestro entendimiento” (LBLA). Imagínate a un hombre del primer siglo vestido con una túnica, subiendo sus faldones y sosteniéndolos con su cinturón para poder salir a la batalla. Eso es lo que debemos hacer. Debemos tener mentes listas para pensar claramente en lo que no podemos ver.

Nuestro pastor, Colin Smith, lo dice de esta manera: “Todo lo que cautive nuestra mente controlará nuestro corazón”. Lo que pensamos, y cómo pensamos acerca de ello, determinará nuestra forma de vivir. Al igual que los primeros lectores de Pedro, somos cristianos que viven en el mundo de las cosas que se ven ahora, lejos de nuestro hogar final y luchando continuamente en esta batalla espiritual. Si no pensamos en estas verdades, no vamos a poder vivir como si fueran verdad.

Aquí está lo que Pedro quiere que pensemos:

- Tenemos una herencia celestial imperecedera, sin mancha, que no se marchitará, reservada para nosotras por Dios mismo (1P 1:4).
- Hasta entonces, las aflicciones son buenas porque ponen a prueba la autenticidad de nuestra fe y nos muestra la fidelidad de Cristo en sostenernos (v 7).
- Dios nos ayuda a amar a Su Hijo, a creer en Él y a regocijarnos en Él a pesar de que no podemos verle; y Él nos guardará en Su amor hasta que le veamos (v 8-9).

Pedro dice: "¡Mira lo que viene! ¡Todo esto es tuyo en Jesús!". Tenemos que entender el mundo de las cosas que se ven ahora a la luz de las realidades que no se ven. Hoy podemos tener claridad en cuanto a lo que es importante y eterno si preparamos nuestras mentes para enfocarnos en la herencia futura. Fijamos nuestra esperanza completamente —no parcialmente ni con tibieza— en la gracia que se nos traerá cuando Cristo venga. Lo veremos si centramos nuestras mentes en Su verdad.

Vive a la luz de tu hogar

Lo que cautive la mente controlará el corazón —y dirigirá el cuerpo. "...sino que así como Aquel que los llamó es Santo, así también sean ustedes santos en toda su manera de vivir" (1P 1:15). Pedro dice que nuestra obediencia se debe al llamado de Dios. Una mente saturada de las verdades del evangelio generará un corazón deseoso de vivir a la luz de ellas, no por motivos egoístas. El llamado de Dios produce hijos obedientes que quieren vivir para las cosas que no se ven.

> *"Y si invocan como Padre a Aquel que imparcialmente juzga según la obra de cada uno, condúzcanse con temor (reverencia) durante el tiempo de su peregrinación. Ustedes saben que no fueron redimidos*

(rescatados) de su vana manera de vivir heredada de sus padres con cosas perecederas como oro o plata" (v 17-18).

Hay dos realidades invisibles que producen santidad en nosotras. La primera es nuestra herencia celestial en Cristo y la esperanza que tenemos en Él mientras esperamos Su regreso. La segunda es que Dios será un Juez imparcial a quien daremos cuentas por todo nuestro tiempo aquí en la tierra, así que debemos vivir conscientes de Su presencia.

Temer al Señor significa que le adoramos por quien es Él en realidad. No creamos una versión domesticada y reduccionista de Él con la cual nos sintamos más cómodas, pues ese no es el Dios de la Biblia. Dios no es un gato doméstico, Él es un león temible. Podemos admirar Su belleza, pero no dejamos de estar asombradas ante Su poder.

Así que si tememos al Dios invisible, le daremos gloria y honra —reconociendo Su poder, Su señorío, Su autoridad— en todo lo que pensamos, decimos y hacemos. Este temor motivado por el amor y el asombro incrementa nuestra santidad y nuestra esperanza en lo que vendrá.

Ese Padre que juzga es una realidad en la cual nosotras como cristianas no solemos pensar. Sí, estamos seguras en Cristo, somos justas ante los ojos de Dios, y ya no estamos bajo condenación gracias a la preciosa sangre de Cristo. Pero seremos juzgadas en el sentido de que nuestras obras en la tierra no serán irrelevantes. Nuestra obediencia será traída a la luz. Y así mismo nuestra falta de obediencia. Tendremos que dar cuentas por lo que hicimos con nuestras vidas y por cómo respondimos a nuestras circunstancias —incluyendo nuestro sufrimiento.

"El pecado siempre será mi más grande lucha terrenal". Así que piensa en Quién y en qué vendrá... y vive a la luz de esa esperanza invisible. Mira a tu alrededor. Lo que ves ahora pasará, pero Aquel que te da gracia y esperanza nunca lo hará.

Reflexiona

- ¿En qué piensas la mayor parte del tiempo? ¿Cómo crees que esos patrones de pensamiento afectan tu corazón y tus acciones?
- ¿En qué formas prácticas puedes preparar tu mente para la acción en este mundo caído?
- ¿Qué significa para ti la gracia de Dios en tiempos de desobediencia, o cuando has deseado las cosas terrenales más que las cosas eternas? ¡Aplica la gracia del evangelio a tu pecado, y alaba a Dios por Su perdón y amor en Cristo!

Ora

Padre celestial, Tú eres digno de ser adorado, ¡digno de ser amado y temido! Por favor, ayúdame a poner toda mi esperanza en Ti y en tus promesas, a meditar en Tu verdad. Permíteme crecer en santidad, y ayúdame a temerte en toda mi manera de vivir. Reconozco que mi lucha más grande es contra mi pecado. Gracias por salvarme de mi pecado, por cambiarme para que yo ahora odie ese pecado, y porque me guiarás hasta el día en que yo llegue a ese lugar donde no habrá pecado. Ayúdame a amarte a pesar de que aún no te veo, y a enfocarme en las cosas que no se ven hasta que pueda verte cara a cara. En el nombre de Jesús, amén.

Textos para meditar: Salmo 16; Mateo 5:29-30; Filipenses 4:8-9

Diario

CAPÍTULO VEINTITRÉS

Una casa no hecha por manos

"Porque sabemos que si la tienda terrenal que es nuestra morada, es destruida, tenemos de Dios un edificio, una casa no hecha por manos, eterna en los cielos. Pues, en verdad, en esta morada gemimos, anhelando ser vestidos con nuestra habitación celestial; y una vez vestidos, no seremos hallados desnudos. Porque asimismo, los que estamos en esta tienda, gemimos agobiados, pues no queremos ser desvestidos, sino vestidos, para que lo mortal sea absorbido por la vida".

2 CORINTIOS 5:1-4

En los días en que mi cuerpo se rebela porque el dolor crónico vuelve con más fuerza, literalmente gimo.

Clamo a Dios con palabras o con las lágrimas al sentirme abatida por mi debilidad. Mis gemidos suelen deberse a mi decepción, miedo, inconformidad y tristeza por tener que estar acostada en un sofá —otra vez. Por tener que cancelar mis planes —otra vez. Porque ya no tengo el cuerpo fuerte y sano que solía tener. Nuestro gemir puede llegar a ser un fin en sí mismo, una expresión sin palabras de un cuerpo agotado.

Pero hay una mejor manera de gemir. En estos maravillosos versículos, Pablo me dice que mis gemidos también puede ser una manifestación de la expectativa de un corazón que mira hacia adelante. Esto es gemir con una perspectiva diferente. Gemimos cuando nuestros cuerpos, mentes y corazones están sufriendo, sí, pero ¿entendemos la profunda realidad a la que apunta este gemido? En realidad hay mucho más en nuestro gemir de lo que alcanzamos a ver.

Lo que dicen tus gemidos

Sea que nos demos cuenta de ello o no, cuando "en esta morada gemimos" es porque en lo profundo de nosotras "[anhelamos] ser [vestidas] con nuestra habitación celestial". Nuestros gemidos terrenales son evidencia de que fuimos creadas para otro mundo; anhelamos una existencia sin aflicciones en la que nuestros cuerpos funcionen, nuestros corazones amen y nuestras mentes piensen con claridad. El dolor de nuestros cuerpos no tiene que ser un fin en sí mismo sino un indicador de nuevos comienzos. Gemimos por paz, restauración, sanidad e integridad, por lo que es bueno y correcto y lleno de esperanza —si es que dejamos que nuestros gemidos nos apunten al futuro. Creyente, tus gemidos apuntan a la vida con Cristo, a ese día en que la batalla contra el pecado habrá sido ganada por completo, en que las relaciones con otros creyentes no estarán llenas de conflicto y confusión, en que las enfermedades y el dolor serán sanados y todo el orden de la creación sea restablecido.

Te espera un cuerpo nuevo, "una casa no hecha por manos, eterna en los cielos". Esta morada final es el cuerpo nuevo que Cristo nos dará cuando Él regrese para inaugurar los cielos nuevos y la nueva tierra, y para resucitar a Su pueblo.

Necesitamos tener una imagen bíblica del futuro que nos espera. Los libros y las películas sobre el cielo tienden a distorsionar la verdad, haciéndonos pensar que el cielo es un lugar misterioso, lleno de luz, donde todos nos convertimos en espíritus flotantes. Pero la Palabra nos dice algo diferente y mucho más emocionante: el cielo será un lugar real donde nuestros cuerpos estarán renovados, nuestras relaciones habrán sido restauradas, y estaremos por siempre en la presencia de Jesús. Será el cielo en la tierra.

Indestructible

En nuestros cuerpos celestiales, seremos indestructibles. Pablo era un fabricante de tiendas de campaña (Hch 18:3), y compara nuestros cuerpos terrenales con el tipo de tela que se usa para hacer estas tiendas. Piensa en la última vez que fuiste a acampar. Armaste la tienda y la fijaste a unas estacas en el suelo, sabiendo que tendrías que desarmarla cuando el viaje terminara. Pero tal vez temías que algo alterara tus planes. La fuerza de los vientos podía desenterrar las estacas, el agua podía filtrarse por las costuras de la tela, o podía aparecer algún depredador. Las tiendas son fácilmente dislocadas y destruidas.

Al igual que las tiendas de campaña, nuestros cuerpos son destructibles. Nos enfermamos y lesionamos, y aunque evitemos grandes calamidades a lo largo de nuestras vidas, envejeceremos y moriremos. Cada día estamos más cerca del final de nuestros cuerpos terrenales.

Pero en nuestra morada celestial, Pablo dice que vamos a tener cuerpos nuevos que no podrán ser destruidos. Ninguna fuerza externa nos podrá atacar —ni las enfermedades, ni los desastres naturales, ni el tiempo. Seremos más fuertes que cualquier ser humano que haya existido, y finalmente seremos libres de todos los efectos físicos del pecado. El cáncer, el duelo, la inestabilidad mental, la inseguridad financiera... Estas fuerzas de la naturaleza nunca desenterrarán las estacas de la tienda, porque será un edificio firmemente establecido. El dolor crónico, el remordimiento, la infertilidad... ya no tendremos que lidiar con la decepción perpetua de estas aflicciones. La angustia, el abuso... tu morada celestial estará libre de todos los intrusos y depredadores.

Ya no seremos tiendas destructibles, sino que seremos casas firmes de Dios, eternas en los cielos. Tu morada celestial será como un edificio sólido sobre una base firme, inquebrantable y duradera.

Eterno

Cuando tengamos nuestros cuerpos celestiales, viviremos por siempre. En estas tiendas terrenales, el tiempo se nos va rápidamente. O queremos más tiempo y tratamos de deshacernos de toda evidencia de que estamos envejeciendo, o anhelamos desesperadamente el final de nuestras vidas para ya no tener más dolor.

Aun así, entre más nos acercamos a nuestra muerte física —por más lejos que nos parezca ese día, y por más miedo que le tengamos— más nos acercamos a nuestra eternidad con Cristo y a nuestro cuerpo glorificado. Un día la vida será para siempre, y ese *para siempre* será una buena noticia. ¡La muerte terrenal se convierte en vida eterna para los creyentes! Nuestro estado físico finalmente armonizará con el estado de nuestras almas, las cuales han sido compradas por Cristo. Vivirás para siempre, y amarás vivir.

Perfecto

En nuestros cuerpos celestiales, estaremos vestidas de justicia. En el día del Señor, Jesucristo regresará a reclamar lo que le pertenece, y al fin nos vestirá con nuestros cuerpos eternos e indestructibles. Los creyentes que se han ido a estar con el Señor aún esperan la venida de Cristo para recibir sus cuerpos celestiales. En el día del Señor, los creyentes estarán con todos los santos que han ido delante de ellos.

Pablo dice que no seremos halladas desnudas ese día. Quiere decir que no nos avergonzaremos ante Cristo, nuestro Señor, porque Él nos habrá vestido con Su perfección y Su santidad. Todo pecado, lucha y sufrimiento que hayamos experimentado en la tierra será quitado por la preciosa sangre del Hijo. ¡Qué libertad! !Qué gozo da pensar que seremos perfeccionadas!

Cara a cara...

Lo mejor de todo es que en nuestra morada celestial finalmente veremos a Cristo. Me quedo sin aliento al pensar en esta gran realidad. Aunque le amamos ahora, no podemos verlo. Pero cuando estemos en nuestros cuerpos glorificados, le veremos y conoceremos plenamente, así como somos plenamente conocidas por Él. Vestidas espiritualmente en la indestructible y eterna rectitud del Cordero, le adoraremos para siempre. Todos los beneficios del cielo serán maravillosos para nosotras, sí, pero ninguno tan glorioso como Cristo mismo. ¡Él es nuestro mayor deleite y nuestra mayor recompensa!

Gimiendo con esperanza

Tus gemidos no tienen por qué ser, y no deben ser, un fin en sí mismos, sino una esperanza que apunta a lo que viene y a Quién viene. Tu sufrimiento dice que algo no está bien, que debería haber algo más; el evangelio confirma que hay más. Esperamos la gloriosa venida de Cristo y anticipamos un cuerpo celestial. No desaproveches tus gemidos. Es un clamor por un mejor futuro. Es un clamor que Cristo responde. Este cuerpo mortal es solo tu tienda de campaña. Un día tendrás un cuerpo que será tu hogar, para siempre, y estarás en casa con Jesús.

Reflexiona

- ¿Cómo te anima saber que la realidad de tus gemidos testifica acerca de tu morada celestial? ¿Cómo pueden tus gemidos guiarte hacia Cristo?
- ¿Quién necesita oír hoy mismo acerca de esta realidad futura?
- ¿Cuál de estas realidades es más difícil de comprender para ti? ¿A quién le pedirías que orara por ti y que hablara contigo al respecto, que te recordara que esto es verdad y que por fe en Cristo puede ser tuyo?

Ora

¡Oh, Señor Jesús, ven! Te espero. Anhelo tener plenitud en Tu presencia, pero sobre todo anhelo finalmente estar contigo. Adorarte cara a cara será mi mayor alegría, y necesito que me ayudes a recordar esta realidad cuando tenga dolor. Por favor, ayúdame a gemir de manera apropiada; que mis lamentos me recuerden que este cuerpo no es mi cuerpo final. Por favor, que mis lamentos se mezclen con alegría ante la perspectiva de ese cuerpo eterno; mantenme esperanzada de que me estoy dirigiendo hacia ese lugar donde estaré contigo por siempre. Amén.

Textos para meditar: Apocalipsis 1; Apocalipsis 19;
1 Tesalonicenses 4:13-18

Diario

CAPÍTULO VEINTICUATRO

Invierte tus gemidos

"Porque sabemos que si la tienda terrenal que es nuestra morada, es destruida, tenemos de Dios un edificio, una casa no hecha por manos, eterna en los cielos. Pues, en verdad, en esta morada gemimos, anhelando ser vestidos con nuestra habitación celestial; y una vez vestidos, no seremos hallados desnudos. Porque asimismo, los que estamos en esta tienda, gemimos agobiados, pues no queremos ser desvestidos, sino vestidos, para que lo mortal sea absorbido por la vida".

2 CORINTIOS 5:1-4

Desorientada. Paralizada. Afligida. Esas son algunas de las palabras que describen cómo me he estado sintiendo últimamente. Me cuesta describir todas las razones por las que he llegado a este lugar, y aunque pudiera hacerlo, las circunstancias no son el punto. El punto es que ser cristiana no me exime de la desesperanza. Ahora mismo estoy donde nunca había estado espiritualmente hablando.

Me he sentido desconectada de todo, indiferente. Tal vez sea un reflejo de supervivencia, o quizás un mecanismo de escape. De cualquier forma, estoy luchando por salir de esta oscuridad. Siempre he sido una luchadora, para bien o para mal. Sin embargo, da miedo ver que tu lucha comienza a desvanecerse y que tu determinación se ha debilitado. Me parece inútil esforzarme para que piensen que soy fuerte cuando todo lo que siento es debilidad. ¿Qué hago con los gemidos de mi alma?

Por la misericordia de Dios, Su Palabra nos da permiso para gemir así. En ella encontramos a muchos otros gimiendo. Tenemos los ejemplos de David y de Job, dos héroes de la Biblia que aun así experimentaron temporadas de desesperación y angustia.

> *Ten piedad de mí, oh Señor, porque estoy en angustia;*
> *se consumen de sufrir mis ojos, mi alma y mis entrañas.*
> *Pues mi vida se gasta en tristeza*
> *y mis años en suspiros;*
> *Mis fuerzas se agotan a causa de mi iniquidad,*
> *y se ha consumido mi cuerpo (Sal 31:9-10).*

> *Como esclavo que suspira por la sombra,*
> *y como jornalero que espera con ansias su paga,*
> *así me han dado en herencia meses inútiles,*
> *y noches de aflicción me han asignado.(...)*
> *Por tanto, no refrenaré mi boca,*
> *hablaré en la angustia de mi espíritu,*
> *me quejaré en la amargura de mi alma (Job 7:2-3, 11).*

Sus luchas nos confirman que los gemidos de desesperanza no son una señal de que estamos fuera de los propósitos de Dios ni más allá de Su alcance. Estoy tan agradecida de que puedo traer todo esto ante el Señor con honestidad, ¡sin temor a ser despreciada!

La Escritura, sin embargo, no nos deja simplemente con gemidos (como vimos en el capítulo anterior) —nos lleva más allá. ¿Cómo? Al recordarnos tres verdades que Dios le recordó a Israel, Su pueblo, a través de Moisés mientras vagaban por el desierto hacia la tierra prometida. De hecho, el pueblo de Dios siempre ha necesitado que se le diga —una y otra vez— que recuerde, porque —una y otra vez— olvidamos. Israel no necesitaba aprender algo nuevo e innovador, y nosotras tampoco. Lo que todos necesitamos es recordar estas verdades básicas e inmutables.

Recuerda... Su fidelidad en el pasado

Y te acordarás de todo el camino por donde el Señor tu Dios te ha traído por el desierto... Tu ropa no se gastó sobre ti, ni se hinchó tu pie durante estos cuarenta años. Por tanto, debes comprender en tu corazón que el Señor tu Dios te estaba disciplinando, así como un hombre disciplina a su hijo (Dt 8:2a, 4-5).

Cuando todo nos parezca confuso y no podamos descifrar el sentido de nuestras circunstancias o de nuestras emociones, necesitamos recordar la fidelidad de Dios en el pasado. Cuando sufrimos tendemos a sentirnos miserables y a llenarnos de autocompasión, pues hace que olvidemos lo fiel que ha sido Dios y Su promesa de que siempre lo será. Por lo tanto, aunque sea más cómodo revolcarnos en nuestro dolor, necesitamos ser intencionales en recordar las formas en las que Él ha sido fiel en el pasado, las evidencias de Su fidelidad en toda la Escritura y, sobre todo, el evangelio.

Cuando estés pasando por una temporada difícil y sientas que Dios no va a venir a ayudarte, recuerda la mayor evidencia de Su fidelidad: la cruz.

Recuerda... Su amor y propósitos

... para humillarte, probándote, a fin de saber lo que había en tu corazón, si guardarías o no Sus mandamientos. El te humilló, y te dejó tener hambre, y te alimentó con el maná que tú no conocías, ni tus padres habían conocido, para hacerte entender que el hombre no solo vive de pan, sino que vive de todo lo que procede de la boca del Señor. (...) Guardarás, pues, los mandamientos del Señor tu Dios, para andar en Sus caminos y para temerlo (reverenciarlo) (Dt 8:2b-3, 6).

Puede que muchas veces no podamos entender o ver todo lo que Dios está haciendo en nuestras vidas, pero tenemos que recordar que Su amor por nosotras lo llevó a sacrificar a Su propio Hijo por nuestra libertad. Debemos confiar en que ese mismo amor solo permitirá circunstancias que sean para nuestro bien.

Ahora mismo, aunque me sienta incapacitada por mis luchas diarias y mi futuro incierto, soy fortalecida por la verdad de que Dios permitió que los israelitas tuvieran hambre para proveerles en formas que solo Él podía hacerlo. La enseñanza principal es que no solo vivimos de pan —que lo físico no es todo lo que hay, y que nunca va a ser suficiente. Cuando somos humilladas y dependemos completamente del Señor mientras atravesamos nuestro desierto, Él nos enseña a recordar, incluso en tiempos de comodidad y abundancia, que lo que más necesitamos no es nuestra propia fuerza o sabiduría, sino Su fidelidad y Su poder. Recuerda que todas tus pruebas tienen un propósito. Todas son enviadas por Aquel que usa todas las cosas para que Sus hijos estén más cerca de Él y para mantenerlos caminando hacia la tierra prometida de Su presencia.

Recuerda... Sus promesas en cuanto a tu futuro

> *Porque el Señor tu Dios te trae a una tierra buena, a una tierra de corrientes de aguas, de fuentes y manantiales que fluyen por valles y colinas... Cuando hayas comido y te hayas saciado, bendecirás al Señor tu Dios por la buena tierra que El te ha dado (Dt 8:7,10).*

Este sufrimiento no va a durar para siempre. Por la gracia de Dios, es posible que seas librada de parte de tu dolor en esta vida; pero ya sea que suceda o no, recuerda que pronto llegará el día en que todo será redimido. La confusión, las luchas, la tristeza, las pérdidas y la decepción desaparecerán cuando estemos con Cristo por la eternidad. Cuando "lo mortal sea absorbido por la vida", tu desierto se convertirá en una tierra de abundancia.

Háblale a tus gemidos

Estas fueron las verdades a las que David y Job se aferraron. Enfrentaron circunstancias diferentes en tiempos diferentes, pero ambos decidieron no perder la esperanza ni entregarse a la desesperación mientras gemían. Ellos recordaron. Recordaron la fidelidad de Dios en el pasado, Sus propósitos en el dolor, Sus promesas y la esperanza del futuro en Su presencia.

> *Dios mío, Dios mío, ¿por qué me has abandonado?*
> *¿Por qué estás tan lejos de mi salvación*
> *y de las palabras de mi clamor?*
> *Dios mío, de día clamo y no respondes;*
> *y de noche, pero no hay para mí reposo.*

Sin embargo, Tú eres santo,
que habitas entre las alabanzas de Israel.
En Ti confiaron nuestros padres;
confiaron, y Tú los libraste...
A Ti clamaron, y fueron librados;
en Ti confiaron, y no fueron decepcionados (Sal 22:1-5, 24).

Yo sé que mi Redentor (Defensor) vive,
y al final se levantará sobre el polvo.
Y después de deshecha mi piel,
aun en mi carne veré a Dios;
al cual yo mismo contemplaré,
y a quien mis ojos verán y no los de otro.
¡Desfallece mi corazón dentro de mí! (Job 19:25-27).

Así que yo también estoy aprendiendo a recordar estas verdades. Cuando el ruido en mi cabeza me desorienta, cuando mi carne desea escapar para anestesiar el dolor, cuando las pruebas me quieren sofocar y el futuro se ve demasiado intimidante, tengo que recordar estas verdades.

No sé que traerá el mañana. No sé cómo Dios me va a sostener a través de mis pruebas. Pero voy a fijar mis ojos con confianza en mi esperanza eterna y en mi fiel Salvador. Caminaré hacia adelante sabiendo que un día, tal vez muy pronto, "lo mortal [será] absorbido por la vida".

Hasta entonces, gimo. Y recuerdo.

Reflexiona

- ¿Estás dispuesta a acudir al Señor con honestidad, incluso con tus dudas, preguntas y miedos?
- ¿Cuáles de los tres mandatos que vimos ha sido más fácil de olvidar para ti?
- Si recuerdas estas verdades, ¿cómo podrían impactar la forma en la que ves tus circunstancias? ¿Estarías dispuesta a dedicar tiempo ahora mismo para acercarte al Señor con todo tu corazón, pidiéndole ayuda para recordar Sus promesas en medio de las pruebas?

Ora

Señor, gracias por proveernos ejemplos de héroes bíblicos que clamaron honestamente en medio de sus aflicciones, pero que también nos muestran cómo luchar contra la desesperanza. Tú conoces las circunstancias que estoy enfrentando y cuán fácilmente me tientan a desesperarme. Padre, ayúdame a recordar cómo has sido fiel en el pasado cuando me cueste ver tu fidelidad en el momento. Ayúdame a recordar que Tú usas las pruebas para revelarme Tu amor y enseñarme a aferrarme a Ti. Y cuando no vea ninguna esperanza terrenal sobre la cual sostenerme, ayúdame a recordar la gloria y la plenitud de la tierra a la que me has llamado y a la que me estás llevando. Perdóname por mi tendencia a olvidar, y ayúdame a descansar confiada recordando todo lo que has prometido. Amén.

Textos para meditar: Deuteronomio 6:20-23; Juan 14:26; 2 Timoteo 2:8

Diario

CAPÍTULO VEINTICINCO

Él nos ha dado el Espíritu

"Y el que nos preparó para esto mismo es Dios, quien nos dio el Espíritu como garantía".

2 CORINTIOS 5:5

Dios siempre cumple Sus promesas. ¡Siempre! Él ha prometido que seremos absorbidas por la vida de resurrección el día en que veamos a Jesús cara a cara, y sabemos que esta promesa es cierta porque nos ha dado Su Espíritu Santo como garantía.

En este momento no podemos ver con nuestros ojos lo que Dios ha preparado para Su pueblo, pero con los ojos de la fe esperamos a Aquel que lo revelará. Esperamos que Dios complete la transacción espiritual que comenzó cuando nos redimió con la costosa sangre de Jesús en la cruz. Al darnos Su Espíritu Santo, Dios está diciendo: *Cumpliré la promesa de traerte a casa conmigo. Terminaré lo que comencé. Eres mía.* El Espíritu Santo es el anticipo —nuestra garantía de que Dios va a completar la compra y nos llevará al hogar para estar con Él para siempre.

Sin embargo, no deberíamos pensar que Dios nos da Su Espíritu como una especie de pagaré para luego desaparecer hasta el día final. No, el Espíritu Santo es Dios, Su mismo Ser — Su vida, amor y presencia morando en nosotras. El Espíritu es la tercera persona de la Trinidad, igual en deidad a Dios el Padre y a Jesús el Hijo, pero diferente en cuanto a su rol. ¿Cuál es ese rol? Revelar la presencia de Dios a Su pueblo para sostener y fortalecer nuestra fe. Primero el Espíritu nos capacita para entender el evangelio, dándonos la bienvenida a la familia de Dios a través de la fe en Cristo. Luego nos moldea con el evangelio mientras esperamos el regreso de Cristo.

Este tiempo presente de luchas, dificultades y gemidos también está lleno de la presencia activa de Dios. Dios no nos ha dejado para que perseveremos solas en Sus caminos, sino que podemos depender y ser guiadas por el Espíritu Santo. Su presencia nos ayuda a caminar por fe hasta que nuestros ojos físicos le puedan ver.

¿En qué formas específicas nos ayuda el Espíritu Santo a caminar por fe? Vayamos a Romanos 8, donde Pablo nos muestra cuatro marcas del ministerio del Espíritu en los creyentes.

Confiamos en que tenemos vida de resurección

En este tiempo de espera y clamor, la presencia del pecado y el quebranto del sufrimiento nos desaniman, y pueden incluso tentarnos a caer en la desesperación, lo cual nos hace susceptibles a olvidar la redención prometida. Cuando nuestros cuerpos fallan, cuando nuestras relaciones se vuelven amargas o cuando nuestro corazón nos traiciona, comenzamos a preguntarnos: *¿Realmente vale la pena esperar por lo que ha de venir?*

Necesitamos recordar de dónde venimos y hacia dónde vamos. Esto es parte del ministerio del Espíritu Santo en nosotras:

> *Y si Cristo está en ustedes, aunque el cuerpo esté muerto a causa del pecado, sin embargo, el espíritu está vivo (es vida) a causa de la justicia. Pero si el Espíritu de Aquel que resucitó a Jesús de entre los muertos habita en ustedes, el mismo que resucitó a Cristo Jesús de entre los muertos, también dará vida a sus cuerpos mortales por medio de Su Espíritu que habita en ustedes (Ro 8:10-11).*

El Espíritu Santo es vida, y lo que ha hecho por tu alma es magnífico. Tu vida eterna ya ha comenzado, porque Jesús te ha resucitado para vida a través de Su Espíritu y ha venido a vivir contigo por Su Espíritu. Debido a que hemos nacido en un mundo pecaminoso, nuestros cuerpos desfallecen y mueren, pero si el Espíritu le ha dado vida a un alma, esa alma vivirá eternamente en gloria. Pero no solo eso, sino que el Espíritu también "dará vida a nuestros cuerpos mortales" cuando Jesús regrese. Sabemos que puede hacerlo porque sabemos que ya lo hizo al resucitar físicamente a Jesús de entre los muertos.

Nuestra nueva realidad es una vida con Jesús para siempre, la cual ya comenzó y es un milagro de la gracia de Dios. Por ahora, nuestra vida de resurrección habita en nuestro cuerpo mortal y decadente. Aún pecamos. Pero un día nuestra vida de resurrección disfrutará de un cuerpo resucitado. El Espíritu lo garantiza.

Le damos muerte al pecado

Lo que sea que cautive nuestra mente controlará nuestro corazón, y luego nuestras acciones. Al recordarnos el evangelio —que la vida que ahora tenemos es la vida justa de Cristo —el Espíritu Santo nos cambia para que amemos lo que Él ama y odiemos lo que Él odia. Él controla nuestra mente con el evangelio, purifica los afectos de nuestro corazón y produce en nosotras una vida santa que ahora desea huir del pecado.

> *Porque si ustedes viven conforme a la carne, habrán de morir; pero si por el Espíritu hacen morir las obras de la carne (del cuerpo), vivirán (Ro 8:13).*

¿Podrías decir que odias el pecado? ¿Podrías decir que lo que más deseas es lo que le dé más gloria a Dios? ¿Cuándo fue la última vez que sentiste convicción por un pecado específico?

En tiempos de dolor, podemos aprovechar la oportunidad para huir del pecado que suele revelarse cuando sufrimos: orgullo, amargura, miedo, autocompasión e ira que se convierten en resentimiento y rebelión en contra de Dios. También debemos reconocer el peligro del sufrimiento: nos da una excusa para ignorar el pecado o para justificarlo.

¿Cómo entendemos esta advertencia a la luz de la promesa de nueva vida que vimos hace un momento? Si peco, ¿significa que pierdo el regalo de redención que Cristo compró para mí? ¡De ninguna manera! Una nueva vida en Cristo significa una vida segura con Cristo, pero también significa un nuevo corazón que produce deseos guiados por el Espíritu. Aquellos que tienen al Espíritu morando en ellos simplemente no pueden tener un estilo de vida pecaminoso.

Y aquellos que tienen al Espíritu morando en ellos tienen el poder para oponerse al pecado —"hacer morir las obras de la carne". Luchar contra el pecado es tanto obra del Espíritu como nuestra. Luchamos porque Él está obrando en nosotros. Nuestros esfuerzos son usados por Él y han sido producidos por Él para cambiarnos.

No confiamos únicamente en nosotras mismas, ni le dejamos todo a Dios, sino que batallamos contra el pecado a través del poder habilitador del Espíritu. Tal como dice el pastor John Piper: "Nuestras obras no se añaden a la obra de Dios. Nuestras obras son la obra de Dios" ("The Bondage of the Will, the Sovereignty of Grace, and the Glory of God" "[La esclavitud a la voluntad, la soberanía de la gracia y la gloria de Dios"], 13 de abril, 2016).

Tú puedes y vas a luchar contra el pecado. El Espíritu lo garantiza.

Disfrutamos ser hijos de Dios

El sufrimiento normalmente produce duda en cuanto al amor y el cuidado de Dios. Sea que se trate de algo que expresamos claramente ("Si a Dios realmente le importara mi vida, no permitiría esto") o de algo silencioso y sutil, estas dudas nos llevan nuevamente a tener miedo porque nos hacen creer que nuestras circunstancias son de alguna forma el resultado de nuestro rendimiento, de nuestra habilidad (o la falta de habilidad) para vivir una vida cristiana irreprochable. Por tanto, podemos ser tentadas a creer que no merecemos sufrir, o que sí lo merecemos —que Dios nos está castigando porque hemos hecho algo mal.

Pero eso no es el evangelio:

> *Pues ustedes no han recibido un espíritu de esclavitud para volver otra vez al temor, sino que han recibido un espíritu de adopción como hijos, por el cual clamamos: "¡Abba, Padre!". El Espíritu mismo da testimonio a nuestro espíritu de que somos hijos de Dios. Y si somos hijos, somos también herederos; herederos de Dios y coherederos con Cristo, si en verdad padecemos con Él a fin de que también seamos glorificados con Él (Ro 8:15-17).*

Dios es tu Padre, y tú eres Su hija adoptada y amada a través de la fe en Cristo, y eso no tiene que ver con nada que hayas hecho. Una relación de Padre e hija con Dios significa que aun cuando sufrimos podemos decir: "Mi Padre aún me ama, y Él sabe lo que está haciendo. Puede que me esté disciplinando, pero no me está castigando. Este sufrimiento no muestra que no me ama, puesto que Su amor por mí nunca se basó en mi rendimiento".

Puedes clamar a Él con tus dudas y tus temores, y puedes presentar tu pecado delante de Él, sabiendo que Él nunca te rechazará ni te condenará. Puedes depender de Él ya que Él es un Padre perfectamente sabio, tierno, amoroso y cercano, dejando a un lado cualquier noción de que es una deidad desinteresada, o de que está haciendo algo para hacerte daño. Él te ha invitado a pertenecer a Su familia gratuitamente, así que puedes confiar en que lo que sea que venga a tu vida ha sido planeado por Él para tu bien.

Tú eres, y siempre serás, una hija profundamente amada por Dios. El Espíritu lo garantiza.

Recibimos ayuda para orar

En tiempos de prueba, nuestra vida de oración puede sufrir. Cuando no sabemos qué decir —cuando no tenemos palabras para expresar nuestros gemidos y clamores— es natural sentir que no podemos orar. Es en esos momentos que apreciamos el valor del ministerio del Espíritu.

> *De la misma manera, también el Espíritu nos ayuda en nuestra debilidad. No sabemos orar como debiéramos, pero el Espíritu mismo intercede por nosotros con gemidos indecibles (Ro 8:26).*

Cuando no sabemos qué decir a nuestro Padre porque estamos desorientadas, derrotadas, cansadas y tristes, podemos confiar en que Él conoce nuestros corazones, entiende nuestras necesidades y está obrando en nuestra debilidad. El Espíritu va dándonos palabras para que expresemos lo que no podemos —¡tomando nuestras lágrimas desesperadas y nuestra confusión, y convirtiéndolas en la oración que oraríamos si fuéramos perfectas! Así que siempre puedes hablar con tu Padre celestial, aun cuando no tengas palabras que decir. El Espíritu te ayudará.

Sí, tienes que esperar; y sí, eres débil. Pero nunca estás sola. Puedes esperar con confianza porque el Espíritu Santo te dice que Dios cumplirá Sus promesas y te llevará a casa para que estés con Él por siempre. Mientras tanto, te fortalecerá para luchar contra el pecado, te confirmará que eres una hija amada de Dios y te ayudará a orar. El Espíritu lo garantiza.

Reflexiona

- ¿Cómo te has relacionado con Dios últimamente? ¿Te estás relacionando con Él como tu Padre celestial, el que te ha dado el Espíritu como garantía, o como un Dios distante y molesto?
- ¿Cómo te consuela la verdad de que Dios te ha dado Su Espíritu? ¿Cómo te ayuda a perseverar en medio del sufrimiento?
- Si sabes que el Espíritu te ayuda a orar, ¿cómo debe esa realidad afectar tus oraciones?

Ora

Abba Padre, cuán bueno y generoso eres al darme Tu Espíritu Santo. ¡Gracias! Lo necesito para sentirme segura de mi redención futura, para luchar contra el pecado y para orar a Ti con la certeza de que estoy hablando con mi Padre celestial. No siempre dependo de Tu Espíritu, así que perdona mi terquedad y ayúdame a hacerlo siempre confiando plenamente en Tus caminos. Espíritu Santo, intercede por mí con Tus gemidos indecibles, especialmente cuando las palabras me fallen. Amén.

Textos para meditar: Salmo 139; 1 Juan 4:13-21

Diario

CAPÍTULO VEINTISÉIS

Buena tierra para dar fruto

"Y el que nos preparó para esto mismo es Dios, quien nos dio el Espíritu como garantía".

2 CORINTIOS 5:5

El Espíritu Santo le ha sido dado a todo hijo de Dios —no para que tengamos una vida fácil, sino para transformar nuestro carácter. Así como un árbol da fruto, de igual forma una persona capacitada por el Espíritu da fruto.

Parece que el sufrimiento suele ser el terreno que usa el Espíritu Santo para producir fruto en nosotras. Con tal de preparar ese terreno, el Espíritu usa las pruebas para mostrarnos el verdadero estado de nuestros corazones, exponiendo nuestro esfuerzo propio y aparente bondad.

¿Alguna vez has escuchado a alguien (tal vez a ti misma) diciendo: "Siempre me consideré una persona paciente... hasta que tuve hijos" o "Yo nunca había tenido problemas con la ansiedad, pero desde que perdí mi trabajo y comencé a tener problemas de salud, siento como si hubiera perdido toda mi paz"? El sufrimiento tiende a revelar lo que hay en lo más profundo de nuestro ser. Cuando nos encontramos presionadas por todas partes, de repente el pecado que ha estado oculto comienza a aparecer en la superficie. Entonces en vez de continuar con la vida aparentemente paciente, pacífica y controlada que hemos logrado mantener hasta ahora, nos encontramos luchando con la ira, la falta de contentamiento, la ansiedad, la impaciencia, la duda, el miedo, la amargura, la desesperanza y hasta con el odio. No solo tenemos que lidiar con la prueba en sí, sino también con la abrumadora batalla contra nuestro pecado.

Sin embargo, esta es la razón por la que la garantía del Espíritu Santo en cada creyente nos da la esperanza y la valentía para perseverar. Él no nos dejará como estamos. En Gálatas 5, Pablo habla de lo que el Espíritu está cambiando en nosotras a medida que nos esforzamos para "[vivir] por el Espíritu":

> *Pero el fruto del Espíritu es amor, gozo, paz, paciencia, benignidad, bondad, fidelidad, mansedumbre, dominio propio; contra tales cosas no hay ley. Pues los que son de Cristo Jesús han crucificado la carne con sus pasiones y deseos. Si vivimos por el Espíritu, andemos también por el Espíritu (Gá 5:22-25).*

Tim Keller, pastor y autor, enfatiza lo atractivo que es esto:

> *Ser "guiados por el Espíritu" (Gá 5:18) es cambiar, y ser cambiado, para llegar a ser la persona que queremos ser. El desarrollo de un carácter semejante al de Cristo, fruto de la obra del Espíritu, es liberador porque nos acerca a la persona que fuimos diseñados para ser; la persona que nuestro corazón, renovado por el Espíritu, quiere que seamos" (Gálatas para ti, 162).*

En el resto de este capítulo veremos las manifestaciones del fruto del Espíritu —lo que significa cada una, cómo el sufrimiento puede exponer nuestra falta de alguna, y cómo el sufrimiento puede ser el terreno para que se dé esa parte del fruto que falta. Voy a usar algunos comentarios de la Biblia de estudio de John MacArthur, pues me han sido muy útiles.

Amor

> *El amor agape es el amor por decisión, que se refiere no a un afecto emocional, a una atracción física o a un vínculo familiar, sino al respeto, la devoción y el afecto que conduce al servicio voluntario y autosacrificial.*

No nos toma mucho tiempo darnos cuenta de lo condicional que es el amor humano. Ya sea en el contexto de una amiga que nos haya tratado mal, de un hijo que continúa de rebelde o de un esposo que se vuelve distante, nuestro amor puede comenzar a desfallecer con mucha rapidez.

Pero también sabemos cómo es el amor incondicional, pues lo experimentamos cada día en la forma en que nos trata nuestro Salvador. El Espíritu obra para mostrarnos ese amor, y luego lo produce en nosotras. Él puede usar el terreno de entrenamiento del sufrimiento para ejercitar esos "músculos del amor" y así fortalecerlos.

¿Cómo has visto tu amor desfallecer cuando confías en tus propias fuerzas para amar a otros? ¿Has visto el fruto del amor creciendo en ti a medida que profundizas en tu relación con Cristo?

Gozo

El gozo es felicidad basada en las promesas inmutables de Dios y en las realidades espirituales eternas. Es el sentido de bienestar experimentado por alguien que sabe que todo está bien entre él y el Señor. El gozo es un regalo de Dios, y como tal, los creyentes no deben tratar de fabricarlo, sino simplemente deleitarse en la bendición que ya poseen.

El gozo es el fruto del Espíritu que más resalta en medio del sufrimiento, pues se piensa que lo natural es que el sufrimiento produzca lo contrario.

Como hemos visto en otros capítulos, el sufrimiento elimina ese falso sentido de gozo en las cosas temporales de esta vida. Si nuestro gozo está enfocado en cualquier otra cosa que no sea el amor inmutable de Cristo, entonces el sufrimiento revelará esa realidad y nos robará el gozo.

El Espíritu está obrando para darte gozo en el sufrimiento —un gozo real, el cual es gozo en Cristo, y no en las circunstancias que te rodean.

Tener el gozo de Cristo no significa que nunca vamos a sentir tristeza o dolor, o que siempre debamos andar con una sonrisa, como si la cantidad de decepciones, sufrimientos y dolores que inevitablemente vamos a enfrentar en la vida no produjeran nada. ¡Así no es como Jesús vivió en la tierra! Sin embargo, a medida que el fruto del gozo crece en nosotras, somos capaces de ser genuinas en las emociones y experiencias de la vida, y aún así tener gozo en Cristo y en la promesa de una eternidad en Su presencia. Las pruebas nos golpean, pero no tenemos que quedar destruidas ni sin gozo.

¿Has visto al Espíritu Santo usando tu sufrimiento para revelar las formas en las que has buscado gozo en algo distinto a Cristo? ¿Has luchado por encontrar gozo en tus circunstancias presentes? Pídele al Espíritu que use el desvanecimiento de tus esperanzas terrenales para aumentar tu gozo y tu esperanza en lo eterno.

Paz

La calma interna que experimenta aquel que está seguro de su relación con Cristo y, por tanto, de su salvación.

El sufrimiento es capaz de sacudir nuestra confianza y nuestra comodidad, y muchas veces nos deja en un estado de ansiedad por lo que no podemos controlar.

El Espíritu Santo está obrando en nosotras para que experimentemos cada vez más de esa paz que viene de saber que no tenemos el control, sino que es Dios quien siempre lo tiene —y que Dios está a nuestro favor. El Espíritu nos ayuda a echar todas nuestras ansiedades sobre Dios, y a dejarlas allí (1P 5:7). El Espíritu nos capacita para dormir tranquilas en la noche porque nos recuerda que Dios nunca duerme. A medida que logramos enfocarnos en Jesucristo y en Sus promesas, la paz de Dios comienza a calmar el ruido de la ansiedad y del miedo.

¿Te cuesta estar en paz en medio de tus circunstancias? Pídele al Señor que haga crecer en ti el fruto de la paz por el poder del Espíritu Santo. Puede que no cambie tus circunstancias, pero te cambiará a ti.

Paciencia

La capacidad de soportar heridas producidas por otros y de aceptar situaciones irritables o dolorosas.

Somos impacientes por naturaleza. Buscamos el camino más rápido (y más fácil) para bajar de peso o recuperar la salud, tratamos de discernir cuál de las filas en el supermercado avanzará más rápido, y nos frustramos con facilidad cuando algo retrasa nuestros planes y nuestras expectativas. Lo mismo es verdad respecto a nuestra vida espiritual.

Aunque decimos que confiamos en el Señor, cuando Sus caminos no concuerdan con lo que esperábamos nos llenamos de impaciencia. Aunque Dios puede responder todas y cada una de nuestras oraciones al instante, normalmente decide esperar —no por crueldad o indiferencia, sino porque nos ama y quiere hacer crecer el fruto de la paciencia en nosotras. En otras palabras, crecemos en paciencia a través de la práctica de la espera. Por lo tanto, a medida que aprendemos a esperar en el Señor —ya sea por medio de la persecución, de largos tiempos de sufrimiento o de nuestro deseo de crecer en santidad— el Espíritu Santo nos hará crecer en paciencia.

¿Puedes pensar en algunas circunstancias donde se haya visto falta de paciencia en ti? ¿Cómo ha usado el Espíritu esas mismas circunstancias para hacerte crecer en paciencia? ¿Qué áreas de tu vida revelan tu necesidad de que el Espíritu produzca en ti el fruto de la paciencia?

Benignidad

Una tierna preocupación por otros, reflejada en el deseo de tratar a los demás con mansedumbre, así como el Señor trata a los creyentes.

Nuestra respuesta natural al sufrimiento es el endurecimiento, pues tendemos a enfocarnos en nosotras mismas y en nuestros problemas, y nos volvemos ciegas e indiferentes a las necesidades de otros. Pero el Espíritu obra en el corazón de los creyentes y usa el sufrimiento para ablandar nuestros corazones. Esto suele ayudarnos a cuidar mejor de los demás, a ser más sensibles a sus luchas. Mientras más vemos al Señor teniendo compasión de nosotras en nuestros tiempos de necesidad, más querremos sacrificar nuestro propio tiempo y comodidad para el bien de los demás.

¿Has visto al Espíritu Santo aumentando tu benignidad a través del sufrimiento?

Bondad y fidelidad

La bondad es una excelencia moral y espiritual que se manifiesta a través de una benignidad activa; y la fidelidad es lealtad y confiabilidad.

Ya hemos dicho que el sufrimiento a veces se convierte en una excusa fácil para evadir la obediencia a Dios. Pero el Espíritu nos ayuda a rechazar esa forma de pensar, a amar lo que Dios ama y a odiar lo que Dios odia. Esto nos lleva a buscar cada vez más lo que agrada al Señor, y el Espíritu Santo entonces va produciendo cada vez más bondad y fidelidad en nosotras.

¿Has visto cómo disminuye tu amor por lo terrenal cuando creces en santidad? Si estás en medio de una prueba, te animo a mirar tus circunstancias a la luz de lo que Cristo quiere hacer en ti a través de ellas. En vez de resistirte a lo que Dios está permitiendo, ¿estarías dispuesta a pedirle al Espíritu Santo que ponga en ti un mayor deseo de ser bondadosa y fiel?

Mansedumbre

La mansedumbre es una actitud humilde y gentil que es pacientemente sumisa en toda ofensa, sin tener deseos de venganza o retribución. En el Nuevo Testamento se usa para describir tres actitudes: sumisión a la voluntad de Dios, la capacidad de ser enseñable y la consideración por otros.

El sufrimiento, las circunstancias injustas y los anhelos no cumplidos pueden revelar rápidamente que creemos que merecemos algo mejor, y esa idea nos lleva a llenarnos de ira, orgullo y amargura. Sin embargo, por la gracia de Dios, el Espíritu Santo suele usar el sufrimiento para hacer crecer el fruto de la mansedumbre en nosotras. Creo que todas sabemos lo miserable que es vivir una vida llena de amargura y de resistencia a lo que no podemos controlar. Es aquí donde necesitamos comenzar a crecer en sumisión y humildad. Cuando decidimos aceptar y descansar en Su control sobre nuestras vidas, comenzamos a crecer en mansedumbre hacia Dios y hacia los demás. ¡Solo el poder del Espíritu Santo puede producir tal fruto!

¿Cómo has visto al Espíritu Santo incrementar el fruto de la mansedumbre en tu vida? Si no lo has visto, acude honestamente a Cristo, rogando que el Espíritu Santo te haga crecer en esta área.

Dominio propio

El dominio propio se refiere a refrenar pasiones y apetitos.

Una vez más, las pruebas nos dan razones aparentemente buenas para darle rienda suelta a nuestros deseos y reacciones. Después de todo, nos merecemos algo de placer y descanso por haber sufrido tanto, ¿no? Pero el Espíritu obra para mostrarnos que para tener placer y descanso debemos tener dominio propio, porque es solo al batallar contra nuestras pasiones pecaminosas y al apartarnos de nuestros apetitos egoístas que podremos disfrutar de la vida que Dios quiere para nosotras —una vida de obediencia al Señor.

¿Crees que tus pruebas han evidenciado aún más tu falta de dominio propio al tener que batallar contra emociones extrañas y abrumadoras? ¿Has tratado de calmar tu dolor, estrés, ansiedad o miedo con hábitos pecaminosos como la gula? ¿Te has visto respondiendo ásperamente a los demás cuando sientes que no tienes el control de tus circunstancias? Si es así, ¿estarías dispuesta a llevar esas luchas delante del Señor, pidiéndole perdón y la gracia necesaria para ejercitar dominio propio en el poder del Espíritu?

El fruto crece

No podemos esperar ver perfección de este lado de la gloria. Pero podemos anhelar ver fruto. Al andar en el Espíritu, Él seguirá obrando para hacer crecer Su fruto en nosotras. Normalmente el fruto crece lento, a veces ni siquiera se nota, pero crece.

Así que mira hacia atrás. ¿Cómo puedes ver al Espíritu produciendo fruto en tu vida? ¿Hay alguna forma en la que has estado obstaculizando Su obra en lugar de estar alentándola? Podrías pedirle a una amiga cristiana que te ayude a ver el fruto en tu vida. Celebra la verdad de que Dios no te ha conducido a una vida cómoda, sino que te ha estado transformando para que tu carácter sea cada vez más como el de Cristo. Pídele que te ayude a enfocarte en las bendiciones de la obra del Espíritu en ti, no en tus circunstancias. Permanece en oración, rogando que cuando te encuentres en el terreno del sufrimiento, el fruto del Espíritu esté creciendo en ti.

Reflexiona

- ¿Estás viendo crecer el fruto del Espíritu en tu vida, aunque sea poco a poco? Si no es así, pregúntale a una amiga cristiana qué ve en ti. Y si ninguna de las dos puede ver fruto creciendo en ti, ¿considerarías preguntarte si realmente has rendido tu vida a Jesucristo como tu Señor y Salvador?
- Si estás segura de tu salvación, pero aún te cuesta ver ese fruto en tu vida, ¿estarías dispuesta a pedirle al Señor que continúe haciendo Su obra en ti?
- ¿Cómo has visto a Cristo usando tu sufrimiento para producir fruto en tu vida?

Ora

Señor Jesús, gracias por darme Tu Espíritu como garantía de que soy Tu hija. Anhelo reflejar más de Tu carácter, pero siento al pecado atrayéndome constantemente. Por el poder del Espíritu Santo, usa estas circunstancias en mi vida para producir en mí el fruto del Espíritu y un carácter semejante al de Cristo. Ayúdame a vivir por el Espíritu y a crecer en amor, gozo, paz, paciencia, benignidad, bondad, fidelidad, mansedumbre y dominio propio. Amén.

Textos para meditar: Romanos 15:13; 2 Corintios 6:4-7; Efesios 3:14-19

Diario

CAPÍTULO VEINTISIETE

La resurrección nos capacita ahora mismo

"Así que siempre vivimos en plena confianza, aunque sabemos que mientras vivamos en este cuerpo no estamos en el hogar celestial con el Señor. Pues vivimos por lo que creemos y no por lo que vemos. Sí, estamos plenamente confiados, y preferiríamos estar fuera de este cuerpo terrenal porque entonces estaríamos en el hogar celestial con el Señor".

2 CORINTIOS 5:6-8 (NTV)

Hogar. Esa palabra está llena de significado. Para algunos la palabra hogar implica calidez, estabilidad y descanso; para otros, puede implicar problemas y dolor. Cualquiera que sea nuestra situación, nuestro hogar importa. Nuestras ideas pasadas y actuales respecto al "hogar" nos afectan a todos, para bien o para mal.

El objetivo final del cristiano es llegar al hogar —al hogar celestial para estar con Jesucristo: "preferiríamos estar fuera de este cuerpo terrenal porque entonces estaríamos en el hogar celestial con el Señor". ¡Nuestro futuro hogar es glorioso! Pero al mismo tiempo, Pablo nos muestra que lo que hagamos ahora con nuestro "cuerpo terrenal" importa.

Nuestros días aquí no son inútiles, dice Pablo, y podemos vivirlos con confianza y valentía, aun cuando estemos sufriendo. La expectativa del hogar futuro con Jesús nos impulsa a enfrentar valientemente cualquier cosa que venga mientras vivamos en este cuerpo, aun los sufrimientos más oscuros y las circunstancias más dolorosas. Nuestra fe nos da esperanza. Y la esperanza futura produce valentía en el presente.

En otras palabras, este día, ahora mismo, importa. La duración de tus días en la tierra importa. Tu sufrimiento durante esos días importa. Pero al mismo tiempo, tu hogar presente no es lo que más importa. Si permites que tu hogar presente importe demasiado, vas a vivir llena de temor "en este cuerpo terrenal", tratando de manipular tus circunstancias y de controlar tu sufrimiento —y eso solo te hará sentirte más frustrada, derrotada y temerosa cuando la vida te recuerde que no puedes controlarla. Pero si vives con la eternidad en mente, puedes vivir con valor, invirtiendo bien tu tiempo en la tierra, aprovechando al máximo las oportunidades que tengas, dejándole los resultados a Cristo y sabiendo que esta no es tu última parada.

En este capítulo me gustaría enfocarme en tres áreas de mi propia experiencia que han requerido la valentía que solo proviene de vivir enfocada en mi hogar futuro con Jesús. Cada una tiene que ver con mi propia batalla contra el dolor físico crónico. Estas aplicaciones no son exhaustivas, y las comparto sabiendo que la historia de cada persona es diferente. Mi esperanza es que te ayuden a aplicar la Palabra de Dios a tus propias circunstancias de sufrimiento, de manera que puedas vivir valientemente por fe mientras vivas "en este cuerpo terrenal".

Valentía para orar de forma específica

Al inclinar mi cabeza y cerrar mis ojos para orar, abro mi boca, pero no sale ni una palabra. Estoy distraída por el dolor punzante que siento en todo el cuerpo, y abrumada por todas las cosas que tengo que hacer. No sé cuál dificultad abordar primero. Pienso en Sarah, que sufre de otras formas, y me siento cargada por las muchas necesidades de ambas que podría traer ante Dios —sin incluir a todas las personas que amamos y que también están sufriendo.

Durante este tiempo de quietud ante el Señor, me paralizo y me lleno de dudas. Me siento tentada a limitarme a orar solo por aquellas cosas que sé que serán contestadas de forma afirmativa, y a filtrar mi clamor porque la realidad se siente... demasiado caótica. Dudo que pueda orar con coherencia mientras mi mente esté tan distraída y dominada por el dolor.

En esos momentos necesito la valentía que me da la vida de resurrección. Necesito recordar que en la presencia de Jesús no habrá más lágrimas ni dolor —así que puedo orar por sanidad, para mí y para otros, sabiendo que al final mi oración será contestada, aunque no sea en esta vida. Necesito recordar que Dios está a mi favor y lo demostró cuando entregó a Su amado Hijo para darme un hogar donde viviré con Él —así que puedo orar abierta y honestamente. Necesito recordar que tengo un enemigo que va a tratar de engañarme y de atemorizarme, pero que ha sido derrotado por el Cristo resucitado —así que puedo fijar mis ojos en Jesús aun cuando esté viviendo en este cuerpo terrenal.

Necesitamos valentía para traer nuestras peticiones ante Dios sin saber cuál va a ser Su respuesta. Pero podemos orar específica y valientemente por sanidad, libertad, fuerza y ayuda porque nuestro hogar eterno con Jesús es real, y ese es nuestro destino final. Si nuestro Padre no responde nuestras oraciones mientras estemos en este cuerpo, podemos estar seguras de que Él nos liberará completamente del sufrimiento cuando vayamos a morar en la presencia de Cristo.

Valentía para obedecer radicalmente

Mientras escribo esto, estoy luchando por tener valentía para confiar y obedecer al Señor. Hace tres meses me empezó un fuerte dolor en el cuello y la mandíbula. Pero todas las radiografías y los exámenes salían perfectos, haciendo que ese nuevo dolor fuera un enigma. Nadie sabe cuál es la causa, y nadie sabe si mejorará. Los placeres que disfruto —cantar, hablar, comer— ahora implican dolor.

Sin embargo, lo que más me asusta son los compromisos donde tengo que hablar en público. ¿Cómo podré cumplir con ellos si me duele después de hablar solo cinco minutos? ¿Qué hago si me obligan a cancelarlos o a cederlos a alguien más? El temor de lo que pueda venir me paraliza. No quiero obedecer, quiero huir.

En estos momentos de debilidad y desánimo, necesito la valentía que me da la vida de resurrección. Necesito recordar que Dios ha prometido resucitar mi alma y mi cuerpo para que yo vaya a mi hogar eterno, que es mi más grande necesidad —así que puedo estar segura de que cuidará de mí en los detalles de esta vida temporal. Necesito recordar que aunque este cuerpo se quebrante, Jesús reina eternamente —así que puedo depender de Él para ser fortalecida y perseverar hoy, depositando mi esperanza en el cuerpo que vendrá. Necesito recordar que Jesús derrotó el pecado junto con todas sus implicaciones corporales, como el miedo, la preocupación y la desobediencia —así que puedo escoger paz, confianza y sumisión, sabiendo que un día el pecado dejará de existir. Necesito recordar que Jesús tiene el control de este día y de todos los días, y que me dará todo lo que necesito para obedecerle. Necesito recordar que Él se deleita en mí, y que no me demandará algo para lo cual Él no me capacite.

Se necesita valentía para obedecer a Jesús cuando el camino que tenemos por delante se ve tan intimidante y nuestra vida aquí parece todo menos un hogar. Pero ahora Él solo nos pide confiar en Él y obedecerle, dejarlo cuidar del mañana y creer que Él nos llevará a ese hogar final y eterno. Nuestro hogar eterno con Jesús es real, y ese es nuestro destino final. Podemos caminar por fe cuando no podamos ver, sabiendo que Él ve todas las cosas y nos sostendrá hasta que lleguemos allá.

Valentía para dar generosamente

Volver al médico significa volver a retirar de nuestra cuenta de ahorros, y además implica otro viaje de cinco horas en carro y un día entero en la clínica. Cada vez que vamos a ver al médico, mi esposo y yo aprendemos a desprendernos un poco más de cosas terrenales como el dinero, el tiempo y la energía. Pero tengo que admitir que ocasionalmente me encuentro pensando en todas las riquezas terrenales que tendríamos si no fuera porque Dios planeó la enfermedad de Lyme para nosotros.

En esos momentos, necesito la valentía que me da la vida de resurrección. Necesito recordar que tengo tesoros en el hogar celestial, y que *ahora* tengo riquezas espirituales que no se pueden comparar con nada en este mundo —y eso me da valentía para desprenderme de los recursos que Dios me ha dado en esta vida. Necesito recordar que Dios ha sido infinitamente generoso conmigo a través de Su misericordia y Su gracia, prometiéndome un hogar eterno —y que Él no va a retener las cosas buenas que sabe que necesito mientras esté aquí.

Se requiere valentía para despojarnos de las ganancias terrenales y dar generosamente —particularmente cuando el sufrimiento ha demostrado que nuestro futuro es tan incierto. El sufrimiento agota nuestros recursos, y podríamos aferrarnos al tiempo, al dinero y a la energía con tal de preservarlos para los días más difíciles. Pero nuestro hogar eterno con Jesús es real, y ese es nuestro destino final. Aquel que dio Su vida para que pudiéramos vivir con Él para siempre en el hogar es Aquel que va a proveer para nosotras mientras vivamos en este cuerpo terrenal. Él se encargará de proveer en nuestros días de escasez; y nos llevará a un lugar en el que ya no habrá escasez. Somos libres para ser generosas con nuestra iglesia, con otros cristianos y hasta con desconocidos porque en Cristo tenemos todo lo que necesitamos.

Vive con valentía

Es natural que prefieras estar fuera de este cuerpo terrenal para poder estar en el hogar celestial con el Señor. Aférrate a Él por la fe, y un día tu hogar será todo lo que Dios planeó desde el principio y todo lo que siempre has anhelado. Mientras sigas viviendo en este cuerpo, puedes tener valentía para ser obediente, generosa y dependiente en oración porque tu confianza está en Aquel que controla y reina para siempre, y que un día te llevará al lugar al que llamarás "hogar" por toda la eternidad.

Reflexiona

- ¿Por cuáles circunstancias o peticiones específicas podrías orar hoy mismo? ¿Cómo puede el meditar en tu sanidad final y eterna animarte a pedir por sanidad en el presente?
- ¿En qué áreas está Dios pidiéndote una obediencia radical a pesar de tus limitaciones?
- ¿Cómo puedes dar generosamente hoy mismo? ¿Cómo te anima a dar la realidad de tu hogar celestial con Jesús?

Ora

Padre, ¡cuánto anhelo estar contigo en el hogar celestial! Sin embargo, gracias por el regalo de vivir en este cuerpo ahora mismo. Confío en Tus planes perfectos para mí, en que me tienes aquí con un propósito: invertir en este hogar temporal con valentía y confianza en lo que está por venir. Abre mis ojos para que yo pueda ver cómo quieres que viva valientemente para Tu gloria. Muéstrame en qué áreas me falta confianza en Ti, oración, obediencia y generosidad. ¡Gracias por darme nueva vida! Ayúdame a vivir hoy a la luz de la resurrección de Tu Hijo. Amén.

Textos para meditar: Lucas 22:39-46; 2 Corintios 5:11-21; Efesios 3:14-21

Diario

CAPÍTULO VEINTIOCHO

Dios puede lidiar con tus emociones

"Así que siempre vivimos en plena confianza, aunque sabemos que mientras vivamos en este cuerpo no estamos en el hogar celestial con el Señor. Pues vivimos por lo que creemos y no por lo que vemos. Sí, estamos plenamente confiados, y preferiríamos estar fuera de este cuerpo terrenal porque entonces estaríamos en el hogar celestial con el Señor".

2 CORINTIOS 5:6-8 (NTV)

El sufrimiento tiende a sacudir el fundamento de los cristianos — nuestra fe.

Esto no es porque nuestro fundamento en Cristo sea inestable, sino porque nuestros pies son resbaladizos. En nuestra lucha por caminar por fe, no por vista —por confiar en lo que no podemos ver— también batallamos contra dudas y preguntas que surgen porque queremos caminar por vista. Puede que sepas que Cristo es bueno, que está reinando y que te ha preparado un hogar para que mores allí con Él, pero es posible que tus emociones no estén alineadas con estas realidades. ¿Qué hacemos?

Luchando con Dios

Te presento a Job, quien enfrentó más dolor de lo que la mayoría de nosotras experimentaremos en esta vida, y sin tener idea de la batalla celestial que estaba ocurriendo durante ese tiempo (a diferencia de nosotras, él no sabía lo que dice en Job 1:6-12 y 2:1-7).

Job sintió su dolor, y luchó con Dios al clamar en su angustia:

... [Dios] me hizo Su blanco.
Me rodean Sus flechas,
parte mis riñones sin compasión,
derrama por tierra mi hiel (Job 16:12b-13).

Considera lo que Job está diciendo aquí. Está acusando a Dios de haberlo aplastado sin misericordia. Está culpando al Creador del universo de haberlo hecho blanco de Sus ataques, y de haberlo hecho con malicia. ¿Cómo puede acusar al Dios todopoderoso con tanto atrevimiento? ¿Por qué no cayó muerto por haberlo siquiera pensado?

Estoy segura de que muchas de nosotras hemos tenido momentos en los que las cargas de la vida ya parecen más pesadas de lo que podemos llevar, y entonces llega otra prueba más. En mi caso, puedo decir que he sentido lo mismo que Job durante temporadas en las que sentía que Dios estaba tratándome como "Su blanco". ¿Alguna vez has pensado que Dios está ausente o que está actuando en tu contra? ¿Alguna vez has sentido dolor, confusión e incluso ira al no entender cómo un Padre amoroso puede permitir semejante dolor? ¿Alguna vez te has preguntado qué hacer con esos sentimientos —a dónde ir con esas preguntas difíciles?

Dios dice: "Tráemelas. Háblame. Derrama tu corazón en Mi presencia. Soy lo suficientemente grande como para lidiar con tus sentimientos hacia Mí".

Durante una larga temporada en la que la enfermedad de mi hijo devastaba mi hogar, llegué a un punto en el que las cargas llegaron a ser tan pesadas que comenzaron a afectar mi corazón, mi rostro y mis palabras. Ya no tenía fuerzas para combatir el dolor, y todas mis palabras salían de un corazón cansado, quebrantado y confundido. Lo único que podía hacer era aferrarme a la poca fe que me quedaba. Mi familia no me pertenecía, mi futuro no me pertenecía, mi vida no me pertenecía. Por supuesto, esto siempre ha sido así, pero no era consciente de ello hasta ese momento en que fui confrontada con una realidad que nunca habría escogido para mi vida —la que me obligó a luchar con las preguntas más profundas y difíciles respecto a mi fe. Sin embargo, la bendición de llegar al punto de no poder enmascarar más mis sentimientos hizo que derramara todas mis frustraciones, mi confusión, mi ira, mis preguntas, mis dudas y mis miedos ante el Señor. No pude seguir presentándome ante el Señor con peticiones arregladas y adornadas, ni con un corazón que fingiera adoración y gratitud. Estaba vuelta un desastre, luchando por darle sentido a mi fe y a mis sentimientos. Y estaba justamente donde el Señor quería que estuviera —derramando todo mi ser en Sus brazos amorosos y misericordiosos. Él no me dio explicaciones en cuanto a mis circunstancias, pero me enseñó a confiar en Su bondad y soberanía sobre lo que yo no podía entender.

Y eso es exactamente lo que Dios le concedió a Job. A Job no se le dieron las respuestas de por qué estaba sufriendo, pero se le dio una mayor comprensión de Dios —lo cual fue suficiente para humillarlo y animarlo a través de las circunstancias que él no podía entender. El Señor le respondió a Job:

> *¿Haces aparecer una constelación a su tiempo,*
> *y conduces (las estrellas de) la Osa con sus hijos?*
> *¿Conoces tú las ordenanzas de los cielos,*
> *o fijas su dominio en la tierra?*
> *¿Puedes levantar tu voz a las nubes,*
> *para que abundancia de agua te cubra?*
> *¿Envías los relámpagos para que vayan*
> *y te digan: "Aquí estamos"?*
> *¿Quién ha puesto sabiduría en lo más íntimo del ser,*
> *o ha dado a la mente inteligencia? (Job 38:32-36).*

Algo maravilloso puede suceder cuando somos honestas en medio de nuestra oscuridad. Cuando dejamos que las aguas lodosas de nuestro corazón corran con mayor libertad, podemos comenzar a ver las mentiras que hemos estado creyendo, así como muchas verdades del evangelio que posiblemente nunca habíamos entendido y apreciado apropiadamente. Cuando le entregamos a Cristo nuestra confusión, nuestras preguntas honestas y nuestras emociones, Él nos revela no solo las imperfecciones de nuestro corazón, sino también la verdadera belleza del Suyo.

Esto es lo que llevó a Job a responder al Señor tanto en humildad como en asombro:

> *He sabido de Ti solo de oídas,*
> *pero ahora mis ojos Te ven.*

Por eso me retracto,
y me arrepiento en polvo y ceniza (Job 42:5-6).

Vengan a Mí

Dios puede lidiar con nuestro caos. Él puede lidiar con nuestras preguntas —aun cuando revelen nuestra falta de fe. Estos sentimientos no son malos en sí mismos, lo que sí está mal es dejarnos dominar por ellos. Cristo no está ahí simplemente para que le descarguemos nuestras emociones y luego nos alejemos con la misma desesperanza; en vez de eso, Él quiere que vengamos a Él con honestidad y caminemos con Él en libertad.

> *Vengan a Mí, todos los que están cansados y cargados, y Yo los haré descansar. Tomen Mi yugo sobre ustedes y aprendan de Mí, que Yo soy manso y humilde de corazón, y hallaran descanso para sus almas. Porque Mi yugo es fácil y Mi carga ligera (Mt 11:28-30).*

Jesús nos invita a venir a Él con honestidad, no con superficialidad. Él quiere que le entreguemos nuestras cargas y nuestras dudas —pero también quiere que recibamos de Él. Él nos manda: "Tomen mi yugo sobre ustedes…". En estos versículos se nos dan cuatro pasos sencillos para manejar el caos de nuestras emociones:

1. *Trae todo tu pecado, tu dolor, tus preguntas y tus emociones a Cristo.* Él es el Único capaz de lidiar con ellos y hacer algo al respecto.

2. *Toma Su yugo sobre ti.* Seguir a Cristo, aun en medio del sufrimiento, es la única forma de tener verdadera libertad. Cuando nos aferramos a Cristo y nos sometemos a Su Señorío, nos damos cuenta de que en Él podemos experimentar verdadera paz. En vez de permanecer distantes de Él, creyendo que vamos a encontrar gozo y libertad sin Él, podemos confiar en que nada de lo que enfrentemos bajo Su mano soberana será desperdiciado, sino que será usado para que estemos completamente satisfechas en Él y para dar gloria a Su nombre.

3. *Aprende de Él.* Después de haber acudido honestamente a Él con nuestras preguntas, tenemos entonces que escuchar a Cristo a través de la Escritura, buscando las promesas que Él ya nos ha dado. Debemos estar dispuestas a escuchar Sus respuestas a nuestras preguntas. Te animo a hacer una lista de las preguntas con las que puedas estar luchando, a pedirle a Cristo que abra tus ojos a la verdad, y luego a hacer una lista de todos los pasajes de la Escritura que respondan a tus preguntas. Si no estás muy familiarizada con la lectura de la Biblia, pídele a alguna amiga cristiana que te ayude en el proceso. He encontrado que esta práctica es increíblemente humillante, confortante y reveladora.

4. *Halla descanso.* No podemos salvarnos a nosotras mismas, pero tampoco necesitamos hacerlo. Jesús ha cargado con el peso, el dolor y las consecuencias que nuestros pecados merecían para darnos perdón, libertad, vida y esperanza mientras caminamos por esta vida aferradas a Él. Si seguimos tratando de salvarnos a nosotras mismas, vamos a seguir cargadas, exhaustas y presionadas por el esfuerzo o por la sensación de derrota con circunstancias que no podemos controlar y problemas que no podemos arreglar. Encontraremos descanso en los altibajos de la vida a medida que crezcamos en nuestro entendimiento de nuestra verdadera identidad en Cristo, lo cual nos permite acercarnos honestamente ante el Padre como hijas que son profundamente amadas. Él conoce nuestro corazón, conoce nuestras necesidades y desea darnos descanso.

No tienes que fingir

Amiga, no necesitas esforzarte por construir una fachada de bondad cristiana, escondiendo esos sentimientos que piensas que los "buenos cristianos" no deben tener y tratando de presentarte como una persona sin problemas delante de Dios. Eso es agotador y te aleja de Dios. Tu Dios dice: "Ven". Tu Dios dice que puedes derramar tu corazón ante Él.

Cuando aprendemos que somos libres para ser genuinas con Jesús, aprendemos también a ser genuinas con las personas a nuestro alrededor. El mundo no necesita ver a más personas que parezcan tenerlo todo bajo control; el mundo necesita ver a personas reales con problemas reales, emociones reales y una esperanza real. Para ser transparentes con las personas tenemos que comenzar siendo transparentes con nuestro Salvador. Así que cuando estés abrumada y te cueste andar por fe y no por vista, ven a Cristo con honestidad y entrégale todas tus dudas, preguntas y emociones, confiando en que, aunque Él no te dé respuestas en el momento, te dará descanso.

Reflexiona

- ¿Crees que está mal traer tus preguntas y tus emociones delante del Señor? Si es así, ¿estarías dispuesta a leer el libro de Job y los Salmos de David con el anhelo de aprender de su honestidad y de la autenticidad de su fe?
- ¿A quién vas con tus dudas y preguntas? ¿Estás dispuesta a traerlas todas a Cristo y a permitir que Su verdad hable a cada área de tu corazón?
- Si no podemos traer nuestras cargas a Él, entonces ¿a quién podemos acudir? ¿Confías en que Cristo es suficientemente fuerte para manejar las preguntas más difíciles?

Ora

Señor Jesús, quiero ser fuerte y estable en mi fe, pero al enfrentar este dolor y ver a otros sufriendo a mi alrededor, lucho con preguntas sobre Tu bondad, Tu soberanía y Tus propósitos. Me siento confundida y molesta. Gracias porque quieres que venga a Ti con todos estos sentimientos. Gracias porque estás dispuesto a escuchar todos mis pensamientos y sentimientos contradictorios y caóticos. Gracias porque cuando no sé cómo explicarlo con palabras, no necesito hacerlo. Y gracias porque me contestas invitándome a confiar en Ti, a recordar Tus promesas y a descansar en Ti. Por favor, muéstrame las promesas que necesito conocer, y dame la fe que necesito para confiar en ellas. Por favor, ayúdame a caminar por fe hasta el día en que esté contigo en el hogar y mi fe se vuelva vista. Amén.

Textos para meditar: Job 10; Job 13:15; Job 23; Salmo 42; Salmo 102

Diario

CAPÍTULO VEINTINUEVE

Cuando Dios no parece ser bueno

"Así que siempre vivimos en plena confianza, aunque sabemos que mientras vivamos en este cuerpo no estamos en el hogar celestial con el Señor. Pues vivimos por lo que creemos y no por lo que vemos. Sí, estamos plenamente confiados, y preferiríamos estar fuera de este cuerpo terrenal porque entonces estaríamos en el hogar celestial con el Señor".

2 CORINTIOS 5:6-8 (NTV)

Eran unas vacaciones que necesitaba desesperadamente. De verdad necesitaba relajarme, cambiar de ambiente y recuperarme.

Así que había estado muy ansiosa esperando esas vacaciones, con la urgencia de recuperarme de las dificultades y el estrés de la vida, que me tenían exhausta tanto física como espiritualmente. A medida que se acercaba el día de nuestra salida, le rogaba al Señor por un buen tiempo con buena salud y buen descanso. Llegamos a nuestro destino y estaba muy agradecida porque habíamos llegado saludables y ahora podíamos disfrutar de nuestras vacaciones. ¡Le di gracias a Dios por Su bondad y di un profundo suspiro de alivio! La siguiente mañana mi hija se despertó extremadamente enferma. Yo estaba devastada. Entonces oré al Señor: "Por favor, protege a los demás. No permitas que nos enfermemos".

Dos días después, yo también me enfermé. Ya mis oraciones no eran de gratitud por la bondad de Dios. "*¿Por qué,* Señor? ¡¿No te das cuenta de que necesito un descanso?!".

Al recostarme sobre el sofá mientras el resto de la familia salía para la playa, sentí ira y confusión al pensar por qué Dios permitiría esa situación. ¿Acaso no le importa cuán exhausta estoy? Yo creía que Dios es bueno, pero en ese momento no parecía ser alguien bueno. Había una batalla en mi interior, pues no quería quejarme ni murmurar, pero tenía dudas sobre la bondad de Dios.

Creo que la mayoría de nosotras hemos pasado por tiempos en los que sucede algo doloroso y no podemos entender por qué, y de pronto sucede algo mucho más grave. Una enfermedad o una herida que altera la vida, la muerte de seres queridos, la pérdida de un trabajo, una relación rota, años de oraciones no contestadas; todas estas cosas pueden hacernos dudar en cuanto al carácter de Dios —¿realmente creemos que Dios es bueno y fiel? Piensa en la pareja joven que busca fielmente al Señor y desea la bendición de tener un hijo; el tiempo pasa y ellos luchan preguntándose por qué Dios permite que continúe su infertilidad. O piensa en el pastor que sacrifica la seguridad y comodidad de su familia para obedecer al Señor y embarcarse en la travesía de plantar una iglesia en un lugar lejano, solo para ver las puertas cerrarse en un año. ¿O qué tal el momento en que parecía que Dios estaba abriendo puertas para que pudieras tener la casa que deseabas o un mejor trabajo y, de repente, se pierden las oportunidades? Hay momentos en nuestras vidas en que las circunstancias simplemente no tienen sentido. De hecho, algunas circunstancias parecen bastante crueles.

Todas vamos a enfrentar situaciones así en nuestras vidas, cuando lo que creemos acerca de Dios no parece alinearse con nuestras circunstancias; cuando todo lo que vemos nos dice que Dios no es bueno. En esos momentos, ya sea que nos demos cuenta o no, nos hacemos esta pregunta: ¿Creemos que Dios es bueno por lo que vemos o porque Él dice que es bueno?

Muchas veces he tratado de moldear a Dios para que encaje con lo que veo, reduciéndolo a un "dios" con el cual me sienta cómoda y al cual pueda entender perfectamente, en vez de confiar en la verdad de quien es Él y de aceptar lo que Él permite como Su buena y perfecta voluntad.

Aprecio muchos las meditaciones de Lydia Brownback sobre esta clase de lucha:

> *Muchas veces Dios actúa contrario a como pensamos que debería actuar un Dios que dice ser bueno. La respuesta que creemos que necesitamos parece ser la más lógica y clara según nuestra forma de ver las cosas, pero Dios no nos la da. Ahí es donde entra la fe. La verdadera fe*

no es la creencia de que Dios va a actuar de una forma particular, sino la convicción de que Dios es bueno, no importa lo que haga ni cómo decida responder nuestras oraciones. Dios siempre está pensando en nuestro bien, y Él obra para traernos ese bien, no importa cómo se vea desde nuestra perspectiva (Trust—A Godly Woman's Adornment [La confianza —El adorno de una mujer piadosa], 30).

Viviendo por fe en el Dios de la cruz

No hay un ejemplo más grande de esto que la cruz de Jesucristo.

Pero quiso el Señor
quebrantarlo, sometiéndolo a padecimiento.
Cuando Él se entregue a Sí mismo como ofrenda de expiación,
verá a Su descendencia,
prolongará Sus días,
y la voluntad del Señor en Su mano prosperará (Is 53:10).

El plan de Dios era aplastar a Su propio Hijo. Ciertamente eso no suena como algo que haría un Dios que dice ser bueno, hasta que nos damos cuenta de que Su voluntad era aplastar a Su propio Hijo para salvarnos a nosotros —pecadores en rebeldía contra Él. Aunque la muerte de Cristo le causó dolor y tristeza inimaginables, era parte del cumplimiento de los propósitos de Dios para derrotar el pecado y la muerte, liberándonos así de la tristeza y el dolor eternos.

Piensa en lo que habrías visto si hubieras estado allí ese Viernes Santo. Habrías visto al Hijo de Dios crucificado en agonía, muriendo en manos de Sus enemigos. Habrías visto que Dios el Padre no rescató a Su Hijo agonizante. Habrías visto al mal "vencer". Pero ahora piensa en lo que habrías sabido por fe si hubieras tenido en mente las palabras de Isaías. Habrías sabido que el Hijo de Dios estaba siendo crucificado en agonía como parte del buen plan que Él y Su Padre habían decretado desde antes de la Creación. Habrías sabido que Su muerte era una ofrenda por nuestro pecado, un sacrificio perfecto en nuestro lugar para que no fuéramos condenadas. Habrías sabido que realmente estaba venciendo la misericordia.

Nuestra fe nos dice que las circunstancias no siempre serán fáciles de entender y que Dios no siempre va a explicarnos todo; que muchas veces la fe nos cuenta algo muy diferente, mucho mejor y más verdadero que lo que podemos ver.

Cuando me vuelvo a llenar de la verdad sobre el maravilloso sacrificio de Cristo en la cruz como parte del plan de Dios para salvar a pecadores como yo, me siento tan agradecida de que Él haya hecho lo que es bueno ante *Sus* ojos y no lo que a mí me parece bueno. Puede que nunca entendamos completamente el dolor que tengamos que experimentar en esta tierra, pero debemos acudir a la verdad de que Él ha demostrado Su bondad en la forma más asombrosa posible a través de la muerte y la resurrección de Cristo. Podemos escoger confiar en esa misma bondad incluso cuando las circunstancias no parezcan tener sentido:

> *Porque Mis pensamientos no son los pensamientos de ustedes,*
> *ni sus caminos son Mis caminos", declara el Señor.*
> *"Porque como los cielos son más altos que la tierra,*
> *así Mis caminos son más altos que sus caminos,*
> *y Mis pensamientos más que sus pensamientos" (Is 55:8-9).*

Debemos escoger

Cuando estuve recostada en el sofá durante esas vacaciones, sintiéndome miserable mientras mi familia disfrutaba de la playa, tenía dos opciones. Podía andar por vista y permitir que lo que no podía entender me llenara de ira contra el Señor, o podía escoger andar por fe y recordarme a mí misma que los caminos de Dios son más altos que los míos, que Él es confiable y bueno aun cuando mis circunstancias no parezcan tener sentido.

Amiga, esta vida está llena de circunstancias que nos harán cuestionar y hasta negar la bondad de Dios si vivimos por lo que vemos, en vez de vivir por fe en lo que Dios ha prometido. Cada día debemos tomar una decisión. Podemos escoger confiar en lo que vemos y definir por nosotras mismas lo que es bueno, molestándonos con Dios y dudando de Su bondad; o podemos vivir por fe en el Salvador crucificado y dejar que sea Él quien determine lo que es bueno para nosotras. Eso usualmente implica que ejercitemos los músculos de nuestra fe para escoger confiar en Él y no en lo que vemos y sentimos.

Ven a Cristo con tus dudas y debilidades; pídele que te dé la fe para quitar tus ojos de lo que tienes frente a ti y fijarlos en la cruz —porque solo allí encontrarás seguridad y confianza en la bondad y fidelidad inmerecidas de tu Padre celestial. ¿Es Dios bueno? Sí. Él murió por ti.

Reflexiona

- ¿Estás pasando por alguna circunstancia que te haga sentir que Dios no es fiel? ¿Cómo puedes luchar contra esos sentimientos durante esta semana a la luz del evangelio?
- ¿Puedes recordar alguna temporada en tu vida en la que ahora puedes ver la bondad y fidelidad de Dios a pesar de que en ese momento parecía lo contrario?
- ¿Escogerás confiar en el carácter de Dios en vez de confiar en lo que te dicen tus sentimientos?

Ora

Ten piedad de mí, oh Señor,
porque a Ti clamo todo el día.
Alegra el alma de Tu siervo,
porque a Ti, oh Señor, elevo mi alma.
Pues Tú, Señor, eres bueno y perdonador,
abundante en misericordia para con todos los que te invocan.
Escucha, oh Señor, mi oración,
y atiende a la voz de mis súplicas.
En el día de la angustia te invocaré,
porque Tú me responderás.
No hay nadie como Tú entre los dioses, oh Señor,
ni hay obras como las Tuyas.
Todas las naciones que Tú has hecho vendrán
y adorarán delante de Ti, Señor,
y glorificarán Tu nombre.
Porque Tú eres grande y haces maravillas;
solo Tú eres Dios (Sal 86:3-10).

Textos para meditar: Hebreos 10:23; 1 Tesalonicenses 5:23-24; 2 Tesalonicenses 3:3; Tito 3:4-7

Diario

CAPÍTULO TREINTA

Verás a Jesús

"Por eso, ya sea presentes o ausentes, ambicionamos agradar al Señor. Porque todos nosotros debemos comparecer ante el tribunal de Cristo, para que cada uno sea recompensado por sus hechos estando en el cuerpo, de acuerdo con lo que hizo, sea bueno o sea malo".

2 CORINTIOS 5:9-10

Parece extraño terminar el libro con este pasaje. Recuerdo haber leído estos versículos y pensado que se sentían como fuera de lugar. Hasta este punto, Pablo ha escrito sobre la luz del evangelio, tesoros en vasos de barro, la renovación de nuestro interior a través de la aflicción, nuestro hogar celestial con Cristo...

... y de repente, el juicio. ¡¿Qué pasó aquí?!

En todos los versículos que hemos cubierto, Pablo ha estado escribiendo a cristianos, a personas que han visto la luz de la gloria de Dios en el rostro de Jesucristo, a personas que desean vivir con valentía en medio de la aflicción hasta que su fe se convierta en vista. Y Pablo aún está escribiéndole a esas personas cuando dice:

> *Porque todos nosotros debemos comparecer ante el tribunal de Cristo, para que cada uno sea recompensado por sus hechos estando en el cuerpo, de acuerdo con lo que hizo, sea bueno o sea malo (2Co 5:10).*

Los cristianos seremos juzgados por lo que hagamos mientras vivamos en este cuerpo terrenal. El día del juicio no solo es para los no creyentes, sino también para el pueblo de Dios. Y esto, al igual que todos los demás versículos que hemos estudiado, transforma nuestra manera de responder al sufrimiento.

Nuestro Juez es nuestro Salvador

El tribunal de Cristo es una realidad de la cual no solemos hablar, ya sea porque no somos conscientes de ello o porque no estamos seguras sobre cómo encaja con otras verdades bíblicas. Pero necesitamos hablar de ello, porque todo cristiano comparecerá ante el Señor Jesucristo para ser juzgado. No deberíamos ser indiferentes a esta verdad, pues tiene implicaciones para nuestra vida aquí, y además nos ayuda a entender nuestra posición delante de Dios.

Primero, las implicaciones para cómo vivimos en el presente. Amiga que sufres, cuando estés delante del trono de Jesús, Él va a juzgar la forma en la que lidias con tus aflicciones. ¿No te parece que entender eso cambia la forma en la que quieres responder a esas aflicciones? ¿Cómo las manejas? ¿Cómo te preparas para ellas? En un momento nos enfocaremos en esas aplicaciones, pero por ahora el punto es este: Jesús, el Salvador, será nuestro Juez, y Él va a juzgar todo el bien y el mal que hayamos hecho, y nos recompensará de acuerdo a ello.

Segundo, nuestra posición ante Dios. Puedes estar preguntándote: "¿Significa este versículo que no puedo estar segura de mi salvación?". Una buena pregunta, y la respuesta es: *Puedes y debes estar segura de tu salvación*. Más adelante, Pablo escribe:

> *Al que no conoció pecado, lo hizo pecado por nosotros, para que fuéramos hechos justicia de Dios en Él (2Co 5:21).*

Así que el versículo 10 no está hablando acerca de tu salvación. Puedes estar segura de que si has confiado en Cristo, Él ya cargó con tu pecado y te dio Su justicia perfecta, por lo que nunca serás rechazada ni condenada eternamente.

Así que al hablar del momento en que cada creyente comparecerá ante el tribunal de Dios, Pablo se está refiriendo a un juicio de recompensas, no de condenación. Debido a que el Juez es al mismo tiempo nuestro Salvador, lo que el juicio determinará es si nuestras vidas dieron gloria al Señor, no si merecemos la vida eterna. Eso nos da esperanza en nuestro sufrimiento, y cambia nuestra manera de enfrentarlo.

Tu cuerpo y tus recompensas

Aunque la realidad del juicio afecta todas las áreas de nuestra vida, el contexto de Pablo conecta el juicio de los creyentes con los sufrimientos que experimentan mientras viven en el cuerpo terrenal. Todas las aflicciones son depósitos que Dios nos da. Así que, como hermanos y hermanas a quienes se les ha confiado sufrimientos únicos, nos examinamos para ver qué estamos haciendo con esas aflicciones, y si lo que hacemos es bueno o malo.

Es importante que te prepares para el sufrimiento. Prepararse para las aflicciones significa empaparnos de la Palabra de Dios y procurar ser fieles a Él en el presente. ¿Estás administrando bien tu tiempo? ¿Estás invirtiendo tu vida en lo que es bueno y verdadero? ¿Te estás preparando para el sufrimiento al aferrarte a Dios en todo momento —tanto en los tiempos de dificultad como en los de tranquilidad?

Es importante que respondas adecuadamente al sufrimiento. Cuando llega el sufrimiento, sea leve o grave, ¿cómo reaccionas? Hemos escrito bastante en este libro sobre la diferencia entre sufrir bien y sufrir mal, entre responder guiadas por el Espíritu y responder pecaminosamente. ¿Cómo vas a manejar la aflicción tanto externa como internamente?

Es importante que uses bien tu sufrimiento. ¿Qué te está enseñando Dios a través del sufrimiento? ¿Cómo estás compartiendo esa enseñanza con otros? ¿Qué oportunidades únicas te está dando Dios para compartir el evangelio y hacer actos de bondad en medio del dolor y la aflicción?

Considera lo que has hecho y lo que estás haciendo en tu cuerpo terrenal, sea bueno o malo. Un día tendrás que responder a estas preguntas ante el tribunal de Cristo, y vas a recibir lo que merezcas dependiendo de lo que hayas hecho. La vida eterna no es una recompensa, porque es por gracia, pero sí va a haber recompensas en la vida eterna.

Nuestra motivación

Pero no debemos detenernos ahí. Si 2 Corintios nos ha enseñado algo, es que la esperanza del evangelio transforma nuestro dolor. Pero también transforma nuestra motivación para agradar a Jesús en medio del dolor.

John Piper cuenta una historia para ilustrar las dos formas en las que podemos ser motivadas:

> *El deber es bueno, pero el deleite es mejor. Imagíname trayendo una docena de rosas a mi esposa el día de nuestro aniversario. Las tengo en la mano estando en la puerta, ella sonríe y dice: "Oh Johnny, están hermosas, ¿por qué este regalo?". Imagina que levanto mi mano en señal de silencio y digo: "Es mi deber..." (desiringgod.org/articles/there-is-no-greater-satisfaction).*

El deber y el deleite son motivaciones opuestas. El deber produce intentos de hacer el bien basados en el miedo, simplemente porque *tenemos* que hacerlo, y no suele ir acompañado de gozo. El deleite produce actos de amor, gozo y sacrificio que tienen como objetivo complacer al otro, porque *queremos* hacerlo.

Cuando Pablo escribe "ambicionamos agradar al Señor", se está refiriendo a que su motivación es deleitar a Jesús, y eso se debe a la centralidad del evangelio en sus vidas. Solo podremos agradar a Jesús por Su evangelio y por los nuevos deseos que ese evangelio produce en nosotras. Solo podré y querré agradarle en toda mi manera de vivir si estoy segura de que Cristo compró mi perdón y libertad a través de Su sacrificio.

Así que nuestra ambición no es agradarle por deber, como si tuviéramos que ganar nuestra entrada a la eternidad. Nuestra ambición es agradarle porque dedicar nuestras vidas a exaltar Su nombre y a mostrar Su gloria a otros es nuestro deleite.

El día del juicio entonces se convierte en un día de gozo —un día que anhelamos con ansias. Piénsalo: vas a estar delante de Jesús, tu Señor y Salvador resucitado, viéndolo finalmente. Y por cada momento que fuiste fiel en tu sufrimiento, vas a escucharlo decirte:

> *Bien, siervo bueno y fiel... entra en el gozo de tu señor (Mt 25:21).*

Cualesquiera que sean las otras recompensas que recibas por tu servicio, ¡nada se comparará a escuchar esas palabras!

Hay esperanza en medio del dolor

Amiga, al terminar nuestro tiempo juntas, me encantaría que te preguntaras:

- ¿Estoy confiando en Jesús o estoy dejando que mi sufrimiento me aleje de Él?
- ¿Le he entregado mi sufrimiento a Jesús, de tal manera que mi ambición ahora es crecer en amor por Él y en dependencia de Él durante este tiempo que nunca hubiera escogido?

Es solo al entregarle nuestras almas y nuestro sufrimiento a Cristo que descubrimos la verdadera esperanza —no solo para nuestro futuro, sino para poder luchar, perseverar y confiar en los propósitos de Dios en el presente. En Cristo hay esperanza, incluso —especialmente— en medio del sufrimiento:

> *Pues Dios, que dijo: "De las tinieblas resplandecerá la luz", es el que ha resplandecido en nuestros corazones, para iluminación del conocimiento de la gloria de Dios en el rostro de Cristo.*
>
> *Pero tenemos este tesoro en vasos de barro, para que la extraordinaria grandeza del poder sea de Dios y no de nosotros. Afligidos en todo, pero no agobiados; perplejos, pero no desesperados; perseguidos, pero no abandonados; derribados, pero no destruidos. Llevamos siempre en el cuerpo por todas partes la muerte de Jesús, para que también la vida de Jesús se manifieste en nuestro cuerpo. Porque nosotros que vivimos, constantemente estamos siendo entregados a muerte por causa de Jesús, para que también la vida de Jesús se manifieste en nuestro cuerpo mortal. Así que en nosotros obra la muerte, pero en ustedes, la vida.*
>
> *Pero teniendo el mismo espíritu de fe, según lo que está escrito: "Creí, por tanto hablé", nosotros también creemos, por lo cual también hablamos, sabiendo que Aquel que resucitó al Señor Jesús, a nosotros también nos resucitará con Jesús, y nos presentará junto con ustedes. Porque todo esto es por amor a ustedes, para que la gracia que se está extendiendo por medio de muchos, haga que las acciones de gracias abunden para la gloria de Dios.*

Por tanto no desfallecemos, antes bien, aunque nuestro hombre exterior va decayendo, sin embargo nuestro hombre interior se renueva de día en día. Pues esta aflicción leve y pasajera nos produce un eterno peso de gloria que sobrepasa toda comparación, al no poner nuestra vista en las cosas que se ven, sino en las que no se ven. Porque las cosas que se ven son temporales, pero las que no se ven son eternas.

Porque sabemos que si la tienda terrenal que es nuestra morada, es destruida, tenemos de Dios un edificio, una casa no hecha por manos, eterna en los cielos. Pues, en verdad, en esta morada gemimos, anhelando ser vestidos con nuestra habitación celestial; y una vez vestidos, no seremos hallados desnudos. Porque asimismo, los que estamos en esta tienda, gemimos agobiados, pues no queremos ser desvestidos, sino vestidos, para que lo mortal sea absorbido por la vida. Y el que nos preparó para esto mismo es Dios, quien nos dio el Espíritu como garantía.

Por tanto, animados siempre y sabiendo que mientras habitamos (estamos presentes) en el cuerpo, estamos ausentes del Señor. Porque por fe andamos, no por vista (no por apariencias). Pero cobramos ánimo y preferimos más bien estar ausentes del cuerpo y habitar (estar presentes) con el Señor. Por eso, ya sea presentes o ausentes, ambicionamos agradar al Señor. Porque todos nosotros debemos comparecer ante el tribunal de Cristo, para que cada uno sea recompensado por sus hechos estando en el cuerpo, de acuerdo con lo que hizo, sea bueno o sea malo (2 Co 4:6-5:10).

Diario

Agradecimientos

A ver, ¿por dónde comenzamos? ¿Cómo podemos agradecer de manera adecuada a todas las personas que han hecho por nosotras más de lo que hubiéramos podido imaginar? Una simple mención debería bastar por ahora, pero nuestra gratitud por todos ustedes sobrepasa todo lo que estas páginas puedan contener.

Desde el primer día, el increíble equipo de The Good Book Company creyó en este proyecto con una pasión y un apoyo desbordado. Ustedes tomaron un proyecto casero que estaba destinado solo a nuestra iglesia y le dieron alas para llevarlo a más santos que están sufriendo en otras partes del mundo. Gracias por apropiarse de esta visión y creer en nosotras.

¡Carl, eres nuestro brillante amigo inglés! No solo has sido un extraordinario editor, sino también nuestro abogado. Gracias por trabajar con nosotras, considerar nuestra debilidad, animarnos, enfocarnos y por siempre ayudarnos a volver nuestra mirada a Cristo. Eres un regalo para nosotras y también para el mundo de la literatura. Gracias a ti, somos mejores escritoras y, más importante que eso, somos personas que sufren mejor.

Nuestro amor por el evangelio de Cristo se lo debemos grandemente a la Orchard Evangelical Free Chruch. Las predicaciones llenas de la Palabra de Dios del pastor Colin Smith (y sus efectos sobre las vidas de los hermanos de nuestra iglesia) han influenciado profundamente lo que enseñamos a otros. Tu fidelidad pastoral, pastor Colin, es muy importante para nosotras.

Debemos agradecer también al equipo médico del Centro de Salud de Fox Valley en Wisconsin. A pesar de que nuestros cuerpos terrenales se estaban desgastando, ustedes los fortalecieron con prácticas y cuidados fenomenales. El Señor los ha usado.

A nuestros amigos: Gracias por orar fielmente por nuestra resistencia física y espiritual mientras estábamos en el proceso de escritura y lo que siguió después de eso; y gracias por sus palabras acerca de este libro. Ustedes son para nosotras las manos y los pies de Cristo.

A nuestras familias: Ustedes se han encargado de recordarnos continuamente el amor y la fidelidad de Cristo mientras sufríamos y escribíamos este libro. Sus oraciones y su servicio por nosotras, junto con sus lamentos y su regocijo a nuestro lado, todo esto lo hemos atesorado en nuestros corazones.

A nuestros esposos, Brad y Jeff: Ustedes han sido quienes nos consuelan. En toda nuestra aflicción, y a través de todo nuestro proceso de escritura, nos han mostrado con mayor claridad al "Padre de misericordias y Dios de toda consolación, el cual nos consuela en todas nuestras tribulaciones". Han leído y releído varios borradores, y su ayuda ha sido invaluable para nosotras. Nos han dicho cuándo debemos descansar en aquellos momentos donde el dolor era demasiado. Nos levantaban cada vez que estábamos a punto de tirar la toalla. ¡Nos han mostrado a Jesús! Queridos esposos, los amamos.

A mis hijos (los de Sarah) Ben, Hannah, Haley y Eli: Gracias por su paciencia conmigo a lo largo de este proceso. Sé que a sus cortas edades les cuesta entender todo este sufrimiento en sus vidas, pero oro para que algún día proclamen las verdades del evangelio y lleguen a amar a Jesús y a glorificarle en medio de las circunstancias desesperanzadoras. A pesar de que a veces me quedo corta en expresarlo, los amo con cada fibra de mi ser.

Señor Jesús, te adoramos. Tú eres nuestra paz, nuestro gozo, nuestra luz. Tú eres nuestra esperanza. Sé Tú glorificado en estas páginas imperfectas.

Notas y Oraciones

Gracias por haber finalizado este libro. Esperamos que lo que Dios te ha enseñado a través de él te siga animando a tener esperanza en medio de las circunstancias difíciles de la vida cada vez que pones tu confianza en Jesús y aprendes más del evangelio.

¿Has utilizado las páginas del diario luego de haber leído cada capítulo para escribir tus experiencias, enseñanzas, reflexiones u oraciones? *¡Entonces te invitamos a que vuelvas a ellas y repases lo que has aprendido!* En las siguientes páginas, encontrarás una sección de notas finales donde puedes resaltar aquellos pensamientos que escribiste en las páginas del diaro que más te llamaron la atención o en los que quieres profundizar más. También puedes escribir más oraciones al Señor que recojan los capítulos en el libro que más te emocionaron o enseñaron.

Esperamos que puedas sacar el máximo provecho a este espacio de notas, y oramos para que en medio de tu sufrimiento puedas volver a ellas, y Dios las use para que tu corazón sea consolado, animado e instruido por Él, de tal manera que puedas renovar tu confianza en Jesús, tu fiel Salvador.

Notas y Oraciones

Notas y Oraciones

Notas y Oraciones

Notas y Oraciones

Notas y Oraciones

"No había terminado de leer la introducción de este libro y ya había pensado en varias amigas que necesitan este bálsamo para sus corazones agotados. Kristen y Sarah usan los recursos que el Dios de toda consolación, gracia y esperanza les ha provisto en su propio caminar para ministrar a otros que también están sufriendo".

— **Nancy DeMoss Wolgemuth**, autora, presentadora/
maestra de Aviva Nuestros Corazones

"Kristen y Sarah nos comparten sus meditaciones en medio del dolor. Ellas nos han abierto sus corazones para contar sus historias con palabras llenas de la Palabra de Dios. No importa cuál sea nuestro trasfondo o contexto, todas aprenderemos de lo que han escrito. Alabo al Señor porque ambas nos estimulan continuamente a alzar nuestros ojos al Dios de misericordia, Aquel que ama y salva".

— **Kathleen Nielson**, directora de iniciativas femeninas,
The Gospel Coalition, y autora de *Mujeres y Dios*

"Este libro es maravilloso, vulnerable y honesto; lo recomiendo completamente a cualquiera que necesite recordar las buenas noticias de Jesús en tiempos de dificultad. Kristen y Sarah han sufrido inmensamente, pero ambas saben que nuestra única esperanza se encuentra en Jesús".

— **Dave Furman**, pastor de Redeemer Church, Dubai;
autor de *Being There: How to love those who are hurting*
[*Lado a lado: Cómo amar a aquellos que están sufriendo*]

"Nos han dicho que podemos hacer cualquier cosa, que debemos soñar en grande porque las mujeres son fuertes y capaces. Pero ¿qué sucede cuando el sufrimiento te confronta con tus limitaciones? ¿Cuando te sientes débil y agotada? Kristen y Sarah nos ayudan a ver que hay esperanza en medio de nuestra desesperación. Nos hablan a las mujeres que vivimos en medio de esta generación feminista para conducirnos a la cruz de Cristo, donde todos nuestros sufrimientos tienen sentido. El cristiano abatido encontrará mucha esperanza en este libro. Y aquellos que desean ayudar a los que están cansados y quebrantados se beneficiarán de toda la sabiduría que hay en estas páginas".

— **Courtney Reissig**, autora de *Glory in the Ordinary*
[*Gloria en lo ordinario*]

"El dolor es el lugar donde mejor crece la esperanza, y este libro te va a convencer de eso. Desde el principio hasta el final, *Esperanza en medio del dolor* te invita a ver la luz de Jesús en los momentos de oscuridad. A medida que leas, pídele a Dios que te ayude a escuchar Su voz, y verás como Él da ánimo y consuelo a tu corazón".

— **Karl Clauson**, presentador de radio en WMBI;
autor de *Thrill: When normal is not Enough*
[*Emoción: Cuando lo normal no es suficiente*]

"A todo el que esté sufriendo en estos momentos o que vaya a sufrir en el futuro (y eso nos incluye a todos) le hará bien leer este libro. Fui conmovido y cautivado una vez más por la verdad del evangelio en el contexto de mi propio sufrimiento. El libro está lleno de empatía y sabiduría para tu alma".

— **Josh Moody**, pastor, College Church, Wheaton y autor de *Juan 1-12 para ti*

"Este hermoso libro confortará tu alma apuntándote una y otra vez al evangelio, levantando tus ojos hacia la única Fuente de esperanza permanente. Mantén tu copia cerca, verás como regresas a ella vez tras vez".

— **Erin Davis**, autora de *Connected* [*Conectados*]

"Kristen y Sarah hablan con una frescura que sale de su amor por las Escrituras y su experiencia de caminar con Dios a través del sufrimiento. Su fe y valentía te darán la fortaleza para perseverar aun cuando estés cansada de luchar".

— **Colin Smith**, Pastor principal, The Orchard
Church; Presidente, Unlocking the Bible

"Es bueno tener un libro escrito por personas que aún están en medio del sufrimiento, quienes nos muestran cómo aplicar el evangelio en nuestras luchas para poder perseverar y también crecer a través de ellas. El libro es honesto, pero no está centrado en nosotras. Será un recurso invaluable para aquellos que estén sufriendo, y también para aquellos que buscan sostener y animar a los que sufren".

— **Barbara Sherwood**, miembro del London
Women´s Convention Committee

"Este libro no es una colección de frases y lemas cristianos. Son reflexiones bíblicas del corazón de dos mujeres que han confiado en Jesús en medio de sus propias aflicciones. Con frescura, honestidad y claridad —y sin ser condescendientes— nos muestran cómo se ve el evangelio desde las trincheras de la vida".

— **Dan Dewitt**, autor del libro para niños *El Amigo que perdona*